GLAC edições

A GLAC edições compreende que alguns dos textos-livros publicados por ela devem servir ao uso livre. Portanto, que se reproduza e copie este com ou sem autorizacão, apenas citando a fonte.

PREFIXO EDITORIAL
65-80421

IMPÉRIO E ANÔNIMATO

MATERIAIS PRELIMINARES ÀS INSURREIÇÕES

CIDADÃOS, VOLTEM PRA CASA! #1

ISBN 1ª EDIÇÃO
978-65-80421-01-5

*Rua Conselheiro Ramalho, 945, 2° andar, sala 4,
01325-001, Bela Vista, São Paulo - SP.
glacedicoes@gmail.com*

IMPÉRIO E ANONIMATO

MATERIAIS
PRELIMINARES
ÀS INSURREIÇÕES

CIDADÃOS, VOLTEM PRA CASA! #1

introdução . citoyens, GO HOME!
glac edições — 9

TIQQUN

pois bem, a guerra!
tiqqun — 26

a respeito de Tiqqun
giorgio agamben — 34

com as teses
miguel carmo — 40

sobre uma organização
memética da política
roberto winter — 48

COMITÊ INVISÍVEL

diante de um poder cada vez mais
absurdo, nós não diremos mais nada
9 de tarnac — 84

entre os 'banlieues' e a universidade
duarte ferrín — 90

não à nova ordem
manifesto coletivo — 96

a terra, a guerra, a insurreição
peter pál pelbart — 100

ANÔNIMO

o grande jogo da guerra civil
anônimo **124**

por que me chama?
leonardo araujo beserra **128**

subjetividade, sexualidade e guerra
abigail campos leal **144**

como ser anônima?
denise algures **162**

posfácio . isso não é o fim: anotações sobre terrorismo e anonimato
nathalia colli **167**

Espaço preto-quarto branco,
Günther Uecker, 1975

Registro de performance
Fotografia: Oliver Wollen

CITOYENS, GO HOME!
glac edições

O título desta publicação tem origem numa pixação político-subjetiva que apareceu na cidade de Paris. A história social e especulativa em torno do escrito anônimo, "*Citoyens, GO HOME!*", o inscreve no contexto das lutas de alter-globalização ou altermundismo do fim dos anos 1990 e início dos anos 2000, em Paris e em diversas partes do mundo. É no mesmo período que a revista *Tiqqun* publica suas duas únicas edições e que o filósofo italiano Giorgio Agamben publica *A comunidade que vem* – ambos aprofundando um questionamento sobre as noções ocidentais de *civilização* e *cidadania*, (des)atualizadas então diante do diagnóstico sobre o multifacetado Estado de Exceção vigente em escala global.

A inscrição – *Citoyens, GO HOME!* – se torna importante para nós por abarcar, de modo tanto metafórico como direto, ao menos dois sentidos inter-relacionados, dos âmbitos da linguagem e da história. Deste modo: a) o uso das línguas francesa e inglesa em uma única sentença tem a função aparente de proporcionar ao leitor uma rápida apreensão, como *slogan* ou palavra de ordem; b) por outro lado, o uso das duas línguas implica uma fagulha de consciência, relativa ao poderio econômico e cultural norte-americano – pois o leitor que se reconhece como cidadão (francês, no caso), ao receber a ordem expressa de voltar para casa, é tratado como um ianque; ele próprio, como *citoyen*, parte ativa na estrutura imperial que o aparta do assim chamado espaço público. Em contraposição, o leitor que não se reconhece como um cidadão mantém-se na rua, constituindo uma possível coletividade sem-teto: autoproclama-se um *não-cidadão* francês que, ao mesmo tempo, não admite a "dominação" estadunidense. Nessa posição, o leitor da frase resiste tanto ao Estado quanto ao Império. A cidadania local é incutida pelo cidadão universal, e os seus desreconhecimentos não carecem de algozes no presente.

*

Cidadãos, voltem pra casa! é um programa de debates e produção de conteúdos que surgiu como parte de uma pesquisa coletiva, iniciada em 2014, acerca da elaboração intelectual – crítica política metafísica – processada na passagem de Tiqqun ao Comitê Invisível. O programa abrange os escritos em torno da constelação de não-autores, Tiqqun-Comitê, de 1999 até a atualidade.

Durante o ano de 2016, a partir da leitura e das discussões ocorridas no interior de um grupo de estudos organizado na cidade de São Paulo por um aglomerado de amigos,[1] coordenou-se a primeira edição do programa, com o subtítulo *Império e Anonimato*, que consistiu numa longa sessão de debate entre diferentes editores lusófonos – autônomos e institucionais – dos autoproclamados *não-autores* franceses, realizada no dia 18 de junho de 2016 na Oficina Cultural Oswald de Andrade (São Paulo–SP, Brasil).

A sessão foi mediada pela artista e pesquisadora Clara Ianni, com a participação dos editores Leonardo Araujo Beserra (Glac), Miguel Carmo (Antipáticas), Abigail Campos Leal (Translésbichas), Denise Algures, Roberto Winter (Dazibao) e Peter Pál Pelbart (N-1), a fim de debater as múltiplas propostas literárias, filosóficas e políticas deixadas por Tiqqun, Comitê Invisível e outras vozes ou grupos anônimos. A fala de cada um dos convidados partiu da escolha de algum texto dos não-autores, editado ou a ser publicado em língua portuguesa, buscando, por meio da análise crítica, uma contextualização e uma aclimatação local (brasileira e portuguesa) dessa constelação de ideias, das experiências de subversões, idealizações insurrecionais, axiomatizações neoliberais sofridas pelos movimentos e coletividades políticos espalhados pelo mundo nos últimos anos. Apareceram aí diálogos críticos e reflexivos sobre as asseverações surgidas no escopo de produção

---

1 N. da E.: o grupo de estudos se centrou, ao longo do ano de 2016, em discutir e ler esse conjunto de textos. Foi criado por Leonardo Araujo Beserra e Clara Ianni, e teve como integrantes, além dos citados: Gustavo Torrezan, Gian Spina, Fábio Tremonte, Gabriel Lemos, Roberta Costa, Fernanda Taddei, Andrea Lanzoni, Felipe Iskor, Abigail Campos Leal e Cadu Valadão. Também teve colaborações de Gustavo Motta, Isabella Rjeille, Yudi Rafael, Alex Flynn, Lucas Parente e Daniel Nogueira de Lima.

desses grupos de não-autores, permitindo o reconhecimento das influências negativas e positivas dessas ideias na realidade local dos participantes do encontro.

As falas e o debate entre os convidados e os públicos presentes geraram a organização deste livro, que apresenta textos dos editores participantes de *Cidadãos, voltem pra casa! Império e anonimato* junto a outros textos, dos referidos não-autores e de novos convidados.

*

Em 2013, a Edições Baratas editou *A insurreição que vem* do Comitê Invisível, provavelmente a primeira tradução e publicação brasileira do conjunto de textos que se configura hoje como pensamento e ação sobre "invisibilidade política" para alguns e "anarquismo contemporâneo e insurrecionário" para outros. Desde então, a Glac vem mapeando a produção dos não-autores e a publicação de suas edições e traduções brasileiras.

Em 2014, salvo engano, apenas um ano depois da primeira publicação brasileira dos não-autores, a revista de crítica de arte *Dazibao*, editada por Deyson Gilbert, Roberto Winter, Gustavo Motta e Guilherme Leite Cunha, publicou a tradução de Daniel Lühmann de *Isto não é um programa*, que data originalmente da segunda e última revista *Tiqqun*, 2001. Traduções, edições e publicações de textos de *Tiqqun*, de anônimos e do Comitê Invisível haviam surgido alguns anos antes em formato zine – por meio do trabalho de coletivos animados por Abigail Campos Leal como Translésbichas e Hurrah!, por exemplo –, entre os quais: "Teoria do Bloom", da primeira revista *Tiqqun*, 1999, *"E a guerra apenas começou..."*, transcrição do áudio de vídeo anônimo, de 2001, e o primeiro capítulo de *Aos nossos amigos*, "As insurreições finalmente chegaram".

Em 4 de junho de 2016, a editora N-1, de Peter Pál Pelbart e Ricardo Muniz Fernandes, lançou *Aos nossos amigos*, publicado originalmente em 2014 pelo Comitê Invisível através da editora parisiense La Fabrique, de Éric Hazan. Ainda no início de 2016, a Edições Baratas havia publicado o mesmo texto, porém com o título modificado: *Aos nossos amigos e amigas*. Do mesmo modo, o grupo anônimo em torno da Facção Fictícia não apenas vem publicando seus próprios textos como traduzindo passagens e capítulos dos não-autores em questão, assim como de outros agrupamentos, como os da rede internacional CrimethInc.

Já a Edições Antipáticas, editora portuguesa com mais de 10 anos de atuação, vem traduzindo sistematicamente diversos textos de caráter libertário e comunista que visam estabelecer a possibilidade de uma crítica radical ao pensamento político contemporâneo anarquista e de esquerda. Suas traduções vêm influenciando as edições feitas no Brasil. Alguns textos editados aqui, pela Ed. Baratas, N-1 e Glac, consistem em adaptações ao português brasileiro de traduções feitas originalmente para leitores portugueses.

Com o mesmo interesse, a Glac, organizada por Leonardo Araujo Beserra e Gustavo Colombini, vem preparando há anos (obtendo sucesso, diga-se de passagem, em 2019) a edição do texto anônimo *Appel* [Apelo, Chamado], surgido em 2003 em Paris – traduzido para língua portuguesa pela Edições Antipáticas e adaptado por nós. Até o momento da escrita deste texto, com exceção desta publicação, a editora apenas havia conseguido lograr o feito de publicar, no final de 2016, uma reunião de textos da coletiva de arte francesa Claire Fontaine, formada pela italiana Fulvia Carnevale (participante da primeira formação de redação de *Tiqqun*), e pelo inglês James Thornhill. Seu título é *Em vista de uma prática ready-made*.

*

Esta publicação, intitulada *Império e Anonimato – Cidadãos, voltem pra casa!*, foi concebida em 2016 após a primeira edição do programa de debates que citamos. Ela procura partir das potencialidades latentes que ali se entreviu. Assim, ela foi organizada em três partes, que se dirigem a cada um dos não-autores, mas que se correlacionam de maneira simbiótica. O interesse deste modo de organização é oferecer alguma multiplicidade referente aos termos que a nomeiam. As noções de império e anonimato são largamente problematizadas a partir da contextualização política e literária de Tiqqun, Comitê Invisível e outros anônimos, por meio da diversidade de opiniões e análises que participantes e convidados apresentaram no debate – sempre à luz do contexto político-econômico brasileiro e, parcialmente, português.

Este volume se divide, portanto, em cinco momentos: esta longa apresentação, que, como ignição, introduz seus conteúdos; as três partes (*Tiqqun*, *Comitê Invisível* e *Anônimo*), que concatenam textos dos não-autores até

então não traduzidos à língua portuguesa (ou com traduções realizadas anteriormente mas adaptadas a esta
edição), outros publicados em jornais e transcrições de
palestras ocorridos após reverberação e circulação dos
ditos escritos, e as arguições que os editores do primeiro
encontro do *Cidadãos, voltem pra casa!* apresentaram
e rearticularam textualmente; e, por fim, uma contri-
buição surgida no meio do público do primeiro encontro.

A primeira parte, *Tiqqun*, após a apresentação de
uma cronologia de textos publicados sob esta divisa,
inicia-se com a tradução do texto que abre a primeira
revista, *Eh bien, la guerre!* [**Pois bem, a guerra!**], de
1999. Procurando contextualizar o debate em que se
insere a revista, apresentamos a transcrição e tradução
de uma palestra do filósofo Giorgio Agamben, nomeada
por esta edição *A respeito de Tiqqun*. Nela, o filósofo
apresenta como o trabalho do filósofo Michel Foucault
acerca dos processos de subjetivação, separados entre
técnicas de governabilidade e os sujeitos, foi continuado
por *Tiqqun*, que os propôs enquanto dispositivos de
controle inseparáveis.

Em seguida, dois textos dos editores-debatedores
convidados são apresentados. O texto do português
Miguel Carmo, **Com as Teses**, contextualiza a formação, em 2005, da Edições Antipáticas em Lisboa a
partir da tradução e edição de *Teses sobre a comunidade
terrível* presente na primeira revista *Tiqqun*. O texto
apresenta o interesse da editora em fazer frente nega-
tiva, por meio da crítica radical, às relações opressoras
potencialmente presentes nas práticas cotidianas dos
ambientes subversivos locais – assim, a análise feita

por Miguel Carmo do texto de Tiqqun se aprofunda no questionamento das relações internas de grupos "subversivos", inquirindo sobre a subjetivação dos sujeitos envolvidos nesses grupos, especificamente no que diz respeito às posições misóginas e mesmo anti-feministas que comumente aparecem nesses ambientes. O texto de Roberto Winter, da revista *Dazibao*, **Sobre uma organização memética da política**, traz uma profunda análise política da correlação entre os levantes e organizações autônomas europeus dos últimos anos com o processo de deslegitimação dos levantes e das organizações institucionais brasileiros no mesmo período. Atravessando a noção de Império expressa em *Isto não é um programa* de Tiqqun, Winter aponta e desvela como a relação de trabalho é ressignificada diante do uso contínuo de redes sociais na internet e como, a partir disso, o meme se torna um *modus operandi* do próprio fazer político, tanto representativo quanto "independente".

Em *Comitê Invisível*, a segunda parte desta publicação, apresenta-se, além da cronologia de textos do grupo, a tradução da carta **Diante de um poder cada vez mais absurdo, nós não diremos mais nada**, que os envolvidos no caso chamado "os 9 de Tarnac" escreveram e publicaram em 2009, após terem sido presos, acusados por sabotarem uma linha férrea da França e por publicar *A insurreição que vem*. Neste curto texto, os "9" apresentam, em primeiro lugar, uma crítica radical ao "estado de exceção" que rege o funcionamento do governo francês no caso em questão, demonstrando sua insatisfação com o discurso dos comitês de solidariedade que os apoiaram e, por fim, propõem a "bartlebyzação" de seus atos – todos os envolvidos permaneceriam quietos, impassivos mesmo diante do encarceramento de Julien Coupat.[2]

Em seguida, com interesse em contextualizar os antecedentes e influências presentes no Comitê Invisível, apresenta-se *Entre os 'banlieues' e a universidade* de Duarte Ferrín, que elabora a radicalidade intelectual de Tiqqun em contraponto à radicalidade propositiva de Comitê Invisível, traçando os contextos político--econômicos em que surgiram suas ideias e, ao mesmo tempo, em que vêm se dando suas práticas na Europa. O próximo texto é a tradução da carta-manifesto assinada por trabalhadores e intelectuais em prol dos 9 de Tarnac em 2008 – a própria petição que levou os 9 de Tarnac a publicar a carta comentada aqui. Em *Não à nova ordem*, manifesto coletivo assinado por intelectuais como o próprio Agamben e o editor-debatedor convidado de *Cidadãos...* Pál Pelbart, os signatários apontam os perigos que o caso de Tarnac corre ao ser percebido pelo Estado francês como parte da política antiterrorista, empregada pela Nova Ordem Mundial (como tais autores nomeiam o atual estado de coisas). Por fim, temos uma longa análise metodológica de Peter Pál Pelbart das propostas do Comitê Invisível em *Aos nossos amigos*, embasada por uma discussão acerca da terra e da guerra no livro *Há mundo por*

---

[2] N. da E.: Julien Coupat foi membro da revista Tiqqun, podendo ser averiguado na publicação original da primeira revista em 1999, em sua folha editorial, e preso em 2009 junto aos 8 outros sujeitos no caso que ganhou os noticiários como "os 9 de Tarnac".

vir? Ensaio sobre medos e afins, de Eduardo Viveiros de Castro e Déborah Danowski. *A terra, a guerra, a insurreição* realizam, aos olhos desta publicação, o que chamaremos de autópsia dirigida – que procura compreender tanto a crise de valor subjetivo como a impaciência inativa do ideal insurrecionário contemporâneo, ainda desorganizado.

Na última e terceira parte, *Anônimo*, abrimos com ***O grande jogo da guerra civil***. Publicado em algum momento próximo a 2002, o texto apresenta um conjunto de 10 regras, assinado por "Vosso governo" – regras visivelmente articuladas por qualquer um (ou um qualquer) que tenha pertencido ou se sentido parte do Partido Imaginário proposto por Tiqqun. Como exceção, para esta terceira parte, a edição não encontrou um texto que se debruçasse em contextualizar a passagem entre o fim da revista *Tiqqun,* em 2001 e o (re)aparecimento do Comitê Invisível em 2007 – insígnia retomada dos textos da segunda edição da revista *Tiqqun*, o órgão consciente do Partido Imaginário.

Desse modo, decidimos apresentar três textos produzidos por editores participantes do primeiro encontro do programa *Cidadãos...* O primeiro texto, ***Por que me chama?***, de Leonardo Araujo Beserra, busca compreender de modo genealógico e conceitual a constituição da proposta e da prática do anonimato – e de sua inerente produção de controle – a partir de *Appel*, texto distribuído em manifestações parisienses no inverno de 2003. A seguir, Abigail Campos Leal, em ***Subjetividade, sexualidade e guerra***, amparando-se na crítica transfeminista, analisa o texto anônimo *Rumo à mais* *queer das insurreições*, publicizado sob a insígnia Mary Nardini Gang, cruzando-o com *Introdução à guerra civil* de Tiqqun. O texto enfatiza o caráter insurrecional das próprias problemáticas de gênero e de comunidade na contemporaneidade. No terceiro texto desta seção, **Como ser anônima?**, Denise Algures retoma e atravessa, ao abordar outro texto anônimo surgido em 2009 em Nova Iorque – mesmo ano da publicação e tradução para o inglês de *A insurreição que vem* –, a perspectiva do feminismo pragmático: *Por que ela está pouco se fudendo pra sua insurreição.*

Após as três partes que substancializam o corpo desta organização, por meio de um convite feito posteriormente, Nathalia Colli, representante do público presente no debate *Império e Anonimato*, encerra o livro. Com **Isso não é o fim: anotações sobre terrorismo e anonimato**, a autora faz referência ao esfacelamento da esquerda, sua decorrente falta de organização e o surgimento reacionário-burguês da nova direita para tecer críticas e dúvidas às práticas contemporâneas insurrecionais proposta por Tiqqun e Comitê Invisível e à ação direta dos *Black Blocs*. Tal caminho é o ponto culminante e inevitável, aos olhos de Colli, da falta de programa e de perspectiva coletiva, apresentado em um texto que se iniciou em 2016 e sofreu incursões em 2019, com um *post-scriptum* que intenta atualizar seus apontamos à difusa atualidade política brasileira.

INTRODUÇÃO

*

Nesta coletânea de textos, desejamos tratar de inúmeras questões – muitas delas já largamente discutidas, outras que ainda aparecem como problematizações iniciais, dentro dos aglomerados subversivos miseráveis espalhados por aí, nas academias e até mesmo nas mesas de jantar ao redor do mundo. Colocamos por extenso algumas dessas questões:

> Se vivemos desde há muito num estado de exceção, quem é terrorista não é cidadão? O terrorista – pois assim foi denominado – existe apenas como intempérie? Ou assume essa intempérie e parte dela para a ação individual e anônima? O imperativo de manter-se aparente, como é esperado de um cidadão, com sua vida nua, pode ser também um gerar-se anônimo fora da comunidade? Essa comunidade, ela existe de fato, ou apenas se imagina? Seria uma comunidade de não-cidadãos, de experimentais, de libertários sem destino? Nela tudo parece ser visível, mas tudo que nela existe é invisível para os que se encontram fora dela?

> Lançar esta subjetividade crua do sujeito à história, seria o movimento de expropriar a subjetividade da história a fim de se criar uma história subjetiva? Se os novos estágios do capitalismo produzem meios de axiomatizar tudo o que ocorre no mundo, incluindo toda e qualquer subjetividade, e retirando assim qualquer desejo próprio dos sujeitos, então o que se produz é um humano-já-não-humano, totalmente dessubjetivado de si e do meio? Se partirmos daí, seremos um ser que pode agora ser o que quiser, o que imaginar ser?

Essa imaginação é suficiente para se erguer a comunhão de organizações em luta para a revolução ou é apenas um dispositivo de subjetivação que nos libertaria para o retorno de imaginar a revolução? Por si só, esse imaginar nos emergiria num programa necessário, diga-se de passagem, ou nos manteria num processo de livramento de nós mesmos, já que nem isso mais somos?

*

E, no entanto... um pós-escrito necessário (abril de 2019).

Quando este livro começou a ser produzido entre meados e finais de 2016, procurou-se montar um conjunto que envolvia materiais documentais (ligados àquela agremiação francesa ou francófila de anônimos e não-autores próxima a Tiqqun e ao Comitê Invisível) e leituras críticas, baseadas nas experiências de editorxs e leitorxs periféricxs daquele material (que, inclusive, haviam se reunido presencialmente num debate vivo, cheio de perspectivas de politização e daquilo que parecia o que os intelectuais de esquerda costumavam descrever, um pouco exageradamente, como "energia revolucionária"). Desnecessário descrever as vicissitudes materiais da produção editorial em condições micro (ou "independente", para usar o jargão) que retardou em pelo menos dois anos e meio a publicação efetiva deste volume. Todavia, sem necessariamente transformar esta nota editorial numa análise de conjuntura (fadada a caducar em pouquíssimo tempo), quer dizer, no que ainda concerne exclusivamente aos textos aqui apresentados, as sucessivas catástrofes políticas que marcaram este intervalo de tempo, em âmbito local *e* global, exigem ao menos ser evocadas, devido ao efeito que causaram nesta coletânea como um todo: no Brasil, desde as paneladas, manifestações domingueiras, prisões políticas, facadas, arranca-rabos midiáticos, áudios vazados e *memes* que desembocaram nas eleições de 2018, qualquer leitor que apenas folheie este material se encontrará diante de uma pilha de escombros documentais. Documentos de uma sociedade e de um mundo político que não está mais em ruínas... porque ruiu.

Documentos históricos, portanto, de acordo com a velha lição de Walter Benjamin, segundo a qual a cadeia de eventos que se convencionou chamar de história consiste, antes, num amontoado de derrotas catastróficas (no caso, aquelas referentes ao Junho de 2013, às greves de garis e operadores de *telemarketing*, às ocupações de escolas etc.). É nesta qualidade documental que os textos publicados aqui continuam tendo relevância para o debate presente, de modo que a atualidade ou não de cada um dos juízos e prognósticos neles emitidos será crítica e constantemente examinada pelo leitor. Assim, o conjunto de documentos que o leitor possui em mãos tem também algo de um manual: não um manual prescritivo sobre *o que fazer*, mas um manual retrospectivo, sobre *como chegamos até aqui* – e, num sentido prospectivo, sobre como chegaremos cada vez mais *até aqui*.

Em vista da transubstanciação – induzida em escala social pela alquimia política das insurreições direitistas, com a presença legítima e oportuna de astrólogos profissionais atuando como agitadores – do material crítico "atualizado" produzido especialmente para este volume em documentação histórica (não desatualizada, é bom frisar); e em vista também do fato irônico e contraditório de que o passado-recente a que esses documentos se referem parece algo distante-longínquo, mas persevera vivamente em sua sina espectral de assombrar o presente-em-transe, puxando-o pelo pé, optou-se por publicar todos os textos sem maiores alterações, salvo por intervenções pontuais em favor da clareza e por dois pequenos pós-escritos, aqui e no posfácio.

Além deles, contra aquela constelação alquímico-fetichista agitada por astrólogos e militares ao modo de uma insurreição virtual (que inclui medidas de contra-insurgência permanente), a Glac também está preparando o segundo volume desta série, *Cidadãos, voltem pra casa! Subjetividade e visibilidade: perda da imaginação nas relações de poder*, que reunirá textos produzidos a partir do ciclo de debates homônimo realizado no Centro de Pesquisa e Formação do SESC-SP, entre 23 e 24 de novembro de 2018, com participações de Zenite, Paulo Rocha, Ana Godoy, Jordi Carmona Hurtado, Abigail Campos Leal, Suely Rolnik, Gustavo Motta e Rachel Pach.

TIQQUN

Tiqqun 1 – fevereiro de 1999
Órgão consciente do Partido Imaginário
Exercícios de Metafísica Crítica

Diretor de publicação: Stephan Hottner - Comissão de redação: Julien Boudart, Fulvia Carnevale, Julien Coupat, Junius Frey, Joël Gayraud, Stephan Hottner e Rémy Ricordeau.

1° *Pois bem, a guerra!*
2° *O que é a Metafísica Crítica?*
3° *Teoria do Bloom*
4° *Fenomenologia da vida cotidiana*
5° *Teses sobre o Partido Imaginário*
6° *O silêncio e seu mais pra lá*
7° *Da economia considerada como magia negra*
8° *Primeiros materiais para uma teoria da jovem donzela*
9° *Homens-máquina, modos de usar*
10° *Os metafísicos-críticos desde o "movimento dos parados"*
11° *Quaisquer ações que resplandecem do Partido Imaginário*

Tiqqun 2 – outubro de 2001
Órgão de ligação no seio do Partido Imaginário
Zona de Opacidade Ofensiva

Sem identificação.

1° *Introdução à guerra civil*
2° *A hipótese cibernética*
3° *Teses sobre a comunidade terrível*
4° *O problema da cabeça*
5° *"Uma metafísica crítica poderia nascer como ciência dos dispositivos"*
6° *Informe à S.A.S.C sobre um dispositivo imperial*
7° *O pequeno jogo do homem do Antigo Regime*
8° *Ecografia de uma potência*
9° *Isto não é um programa*
10° *Como fazer?*

POIS BEM, A GUERRA![1]
tiqqun

Em tudo há de se começar pelos princípios. Deriva deles a ação justa.

Quando uma civilização está arruinada, deve-se levá-la à falência. Não limpamos uma casa que desmorona.

Os objetivos não faltam, o niilismo não é nada. Os meios estão fora de questão, a impotência não tem desculpa. O valor dos meios remete-se a seu fim.

Tudo o que *é*, é bom. O mundo dos *qelipoth*, o Espetáculo, é, de um lado a outro, mal. O mal não é uma substância, se ele fosse uma substância, ele seria bom. O mistério da efetividade do mal se resolve no fato de que o mal não é, mas que ele é um nada *ativo*.

---

1 N. da E.: este texto, publicado originalmente na primeira edição de *Tiqqun* em 1999, foi traduzido do original francês para língua portuguesa por Lucas Parente a fim de integrar a presente edição. Com relação à tradução: o texto original adota, de modo pretensamente universalizante e "neutro", o gênero masculino – por meio do uso reiterado da palavra *homme*, especificamente – para se referir ao conjunto geral de pessoas a quem ele parece querer se dirigir. Apontando este problema, expressamente discutido em outros textos presentes neste volume, a tradução optou por não mitigar o androcentrismo envolvido nessa escolha de vocabulário do original, e manteve o uso normativo, pretensamente "neutro", do gênero masculino.

O mal é aquele de não distingui-lo do bem. A indistinção é seu reino, a indiferença seu poder.

Os homens não amam o mal, eles amam o bem que há nele.

No *Tiqqun*, o ser retorna ao ser, o nada ao nada. O cumprimento da Justiça é sua abolição.

A história não acabou, para isso seria necessário que ela tivesse nosso consentimento.

Um único homem livre basta para provar que a liberdade não está morta.

A questão nunca é *"vivre avec son temps"* [viver com seu tempo]", mas a favor ou contra ele. *Isso não depende.*

Tudo o que se vangloria como um avanço temporal apenas confessa com esse enaltecimento que não é superior ao tempo.

O novo é mais que o álibi do medíocre. Até agora, o progresso designou apenas um certo incremento no insignificante. O essencial permaneceu na infância. Os homens tiveram costumes, mas ainda não os pensaram. Trata-se de uma negligência da qual eles já não possuem os meios. Aqui, a história começa.

As catástrofes da história não demonstram nada contra o bem. Não são os movimentos revolucionários que suspenderam "o curso normal das coisas". Invertamos. É esse curso ordinário que é a suspensão do bem. Em seu encadeamento, os movimentos revolucionários compõem a tradição do bem, até aqui: a tradição dos vencidos. Ela é a nossa.

Toda a história passada se resume a isso, uma grande cidade foi sitiada por pequenos reis. Inexpugnável, o resto permanece.

Absolutamente antes do tempo, há o sentido.
Ele é um relógio que não soa. Sua é a realeza.

Devemos agir como se não fôssemos filhos de ninguém. A filiação verdadeira não é dada aos homens. Essa filiação é a constelação da história da qual conseguem se reapropriar. É conveniente ter um panteão. Nem todos os panteões se encontram no final de uma rua Soufflot.

Os lugares comuns são a coisa mais linda do mundo. É necessário repetir a si mesmo. A verdade sempre disse a mesma coisa, de mil maneiras. Quando chega a hora, os lugares comuns têm o poder de fazer oscilar mundos. Além do que, o universo nasceu de um lugar comum.

Este mundo não é descrito adequadamente porque não é devidamente contestado, e vice-versa. Nós não buscamos um saber que dê conta de um estado de coisas dado, mas um saber que o crie. A crítica não deve temer nem o peso das fundações, nem a graça das consequências. O tempo é furiosamente metafísico, que trabalha incansavelmente em prol do esquecimento.

A Metafísica Crítica, repelindo a época, nós a abraçamos.

Alguns acharam que a verdade não existe. Eles são punidos por isso. Eles não escapam da verdade, enquanto a verdade lhes escapa. Eles não a enterram enquanto ela os enterrará.

Nós só temos que gemer, não faremos a ninguém a caridade de uma revolta sob medida. Vocês terão que retomar por si próprios. Este mundo precisa de verdade, não de consolações.

Deve-se criticar a dominação, porque a servidão domina. Que exista escravos "felizes" não justifica a escravidão.

Eles nasceram. Eles querem viver. E eles perseguem os destinos da morte. Inclusive, eles querem se repousar e deixam filhos, para que nasçam outras mortes, e outros destinos da morte.

É vindo o tempo das larvas, que inclusive escrevem pequenos livros dos quais se fala em seus criadouros.

Desde que há homens, e que lêem Marx, sabemos o que é a mercadoria, mas nunca se acabou *praticamente* com ela. Alguns, que em outro tempo exerceram a profissão de criticá-la, sugerem até mesmo que ela seria uma segunda natureza, mais bela e mais legítima que a primeira, e que deveríamos nos dobrar à sua autoridade. Suas metástases alcançaram os extremos do mundo; seria bom recordar que um organismo inteiramente cancerizado desmorona em pouco tempo.

As alternativas e os antigos litígios estão exaustos. Nós lhe impomos outros novos.

Rejeitem igualmente os dois lados. Não amem mais que o resto. Apenas o resto será salvo.

Os homens são responsáveis pelo mundo que eles não criaram. Não é uma noção mística, é um dado. Ficará surpreso aquele que deu um jeito para isso.

Daí a guerra.

O inimigo não tem a inteligência das palavras, o inimigo as pisoteia. As palavras querem ser recolocadas de pé.

Felicidade nunca foi sinônimo de paz. É necessário fazer da felicidade uma ideia ofensiva.

A sensibilidade foi por tempo demais uma disposição passiva para o sofrimento, ela deve tornar-se o próprio meio do combate. Arte de converter o sofrimento em força.

A liberdade não se acomoda à paciência, ela é a prática em ato da história. Inversamente, as "liberações" não são mais que o ópio dos maus escravos. A crítica nasce da liberdade e dá a luz a ela. É mais garantido que, ao se desprenderem, os homens se libertem, do que acedam à felicidade recebendo-a. Busque a liberdade, todo o resto virá junto. Quem quiser se manter a salvo, perder-se-á.

Como tudo aquilo cuja existência deve ser previamente comprovada, a vida segundo este tempo é de bem pouco valor.

Uma ordem antiga subsiste em aparência. Na verdade, ela está aí apenas para ser descrita em todas as suas perversões.

Diz-se que não há perigo iminente, porque não há motim; diz-se que, como não há desordem material na superfície da sociedade, a revolução está distante de nós. É que as forças de aniquilamento estão engajadas em uma via muito distinta daquela onde se esperaria encontrá-la.

Saibam, jovens imbecis, pequenos torpes realistas, que há mais coisas entre o céu e a terra do que sonham seus solipsismos inconsequentes.

Esta sociedade funciona como um apelo incessante à restrição mental. Seus melhores elementos lhe são estrangeiros. Eles se rebelam contra ela. Este mundo gira ao redor de suas margens. Sua decomposição o excede. Tudo o que vive ainda vive contra esta sociedade.

Abandone o navio, não porque ele afunda, mas para fazê-lo afundar.

Aqueles que não compreendem hoje já empregaram toda sua força ontem, justamente para não compreender. Em seu foro interior, o homem está ciente do estado do mundo.

Tudo se radicaliza. Tanto a estupidez como a inteligência.

Tiqqun libera as linhas de ruptura no universo do indiferenciado. O elemento do tempo é reabsorvido no elemento do sentido. As formas se animam. As figuras se encarnam. O mundo *é*.

Cada novo modo de ser arruína o modo de ser precedente e é só então, sobre as ruínas do antigo, que o novo começa. Isto é chamado de as "dores do parto", significando um período de grandes tumultos. Parece que se arruinará o antigo modo de estar no mundo, o que mudará diversas coisas.

Um dia, uma sociedade tentou, por meios inumeráveis e inecessantemente reiterados, aniquilar os mais vivos dentre seus filhos. Essas crianças sobreviveram. Eles querem a morte desta sociedade. Eles não possuem ódio.

É uma guerra que não é precedida de nenhuma declaração. E no mais, nós não a declaramos, nós apenas a revelamos.

Dois campos. Sua diferença se refere à natureza da guerra. O partido da confusão gostaria que houvesse apenas um campo. Ele conduz uma paz militar. O Partido Imaginário sabe que o conflito é pai de todas as coisas. Ele vive disperso e em exílio. Fora da guerra, ele não é nada. Sua guerra é um êxodo, onde as forças se compõem e as armas se encontram.

Deixem ao século os combates de espectros. Não se luta contra ectoplasmas. Eles são afastados, para aclarar o alvo.

Em um mundo de mentira, a mentira não pode ser vencida pelo seu contrário, mas unicamente por um mundo de verdade.

A complacência engendra ódio e ressentimento, a verdade junta os irmãos.

"Nós", somos nós e nossos irmãos.

A inteligência deve se tornar um assunto coletivo.

And the rest is silence.

Veneza, 15 de janeiro de 1999

A RESPEITO DE TIQQUN[1]
giorgio agamben

Entre 1975 e 1984, quando a política passou por uma fase de estagnação, os trabalhos de Michel Foucault desenharam o terreno dos falsos conceitos que impediam seu avanço. Na aula de 5 de fevereiro de 1983, Foucault resume sua estratégia em duas partes. Primeira: substituir a história da dominação pela análise dos procedimentos e técnicas de governabilidade. Segunda: substituir a teoria do sujeito e a história da subjetividade pela análise histórica das técnicas de subjetivação e das práticas de si.

Foucault claramente abandona o universo que monopolizava a atenção da teoria política (a lei, a soberania,

---

1 N. da E.: o texto foi adaptado ao português por Leonardo Araujo Beserra, a partir de um cruzamento entre a transcrição original em francês, a tradução da transcrição para o espanhol do professor de literatura Miguél Rosetti e a tradução para o português. Uma primeira tradução do mesmo texto ao português foi publicada pelo panfleto político-cultural *Sopro* da editora florianopolitana Cultura e Barbárie, editado por Flávia Cêra e Alexandre Nodari, em seu número 39, de novembro de 2010, realizada por Erick Corrêa. A palestra do filósofo foi realizada durante o lançamento de *Contributions à la guerre en cours*, com textos de Tiqqun, publicado pela editora La Fabrique (Paris). A arguição ocorreu em 19 de abril de 2009 no espaço cultural Lavoir Moderne Parisien.

a vontade geral etc.), levando adiante uma análise detalhada das práticas e dos dispositivos governamentais. Frente à ampliação de uma noção de Poder separado, ele planta a ideia de relações de poder. No lugar do sujeito, numa posição fundamental e transcendental, ele propõe pensar pontualmente práticas e processos de subjetivação. Se quisermos pensar o significado do aparecimento de Tiqqun, quinze anos depois de Foucault, é especificamente desse contexto que devemos partir. Ainda que Foucault preserve esta ideia de uma perspectiva antropológica, o espaço de encontro potencial entre as técnicas de governabilidade e dos processos de subjetivação se encontram vazios. O melhor a ser dito é que não há nada nessa zona em que se encontram as técnicas de governo e os processos de subjetivação, exceto nas figuras que esse extraordinário texto de 1983 reserva, "A vida dos homens infames". O fato de que chama a "vida infame", as "sombras sem rostos", cujas pegadas se encontram nos arquivos policiais e nas cartas de selo, e sobre as quais o poder projeta abruptamente sua luz – sua luz obscura. O que Tiqqun traz como novidade é a radicalização e a redefinição destas duas estratégias, análises de técnicas de governabilidade e processos de subjetivação, que com Foucault não parecem ter nexo comum.

Se, como demonstra o pensador francês em "Microfísica do poder", o poder sempre circula através de mecanismos de todo o tipo (legais, linguísticos, materiais etc.), para Tiqqun o poder é apenas isso. Ele não aparece pertencente à sociedade civil e à vida como entidade superior, soberana – ao contrário, o poder coincide completamente com a sociedade e com a vida. O poder não tem centro, é antes uma acumulação de dispositivos nos quais os sujeitos se encontram entrelaçados, ou, nos termos de Foucault, nos quais os próprios processos de subjetivação se encontram entrelaçados.

Neste marco, o gesto de Tiqqun é fazer coincidir os planos e análises que em Foucault permaneciam separados: os dispositivos de governo e o sujeito. Em um dos textos da segunda edição da revista, que discorre sobre a metafísica crítica, diz-se claramente: "uma teoria do sujeito só é possível como uma teoria do dispositivo".

Em virtude disso, a busca de "novos sujeitos políticos", que paralisa e que segue paralisando a esquerda, se torna uma impossibilidade, pois a teoria do sujeito e a teoria do dispositivo coincidem. Nesta zona opaca de indiferença entre a teoria do sujeito e a do dispositivo é que se situa o texto "Teoria do bloom", da primeira edição da Tiqqun, e os da segunda, que são textos maiores, "Introdução à guerra civil" e "Uma metafísica crítica poderia nascer como ciência do dispositivo".

É evidente que nesta posição, em que se situa a zona de indiferença, as noções acerca do pensamento da política clássica – Estado, Sociedade Civil, Classe, Cidadão, Representação etc. – perdem o sentido. Contudo, é apenas a partir dessa perspectiva da zona de indiferenciação que os conceitos elaborados por Tiqqun – o Bloom, a política estática, o Partido Imaginário, a guerra civil –, em seus sentidos particulares dentro dos textos, que os conceitos adquirem sentido próprio. E é justamente em vista dessa zona de indiferenciação que se torna necessário compreender melhor as práticas de escrita, pensamento e ação que estão em jogo com Tiqqun.

Com relação à escrita, por exemplo, o objetivo não é somente escrever anonimamente, nem com pseudônimos ou heterônimos. Os esforços da polícia em atribuir os textos a um autor, ou um autor aos textos, são vãos. Não poderia haver um autor para estes textos pois eles se situam numa zona onde o próprio conceito de autor não faz sentido. O conceito de autor, como Foucault já demonstrou, sempre teve uma dupla função em nossa cultura: de um lado, como figura do sujeito, e de outro, como um mecanismo de atribuição de responsabilidade penal. Desse modo, Julien Coupat e seus amigos não podem e nem poderão ser os autores dos textos publicados como Tiqqun ou Comitê Invisível, porque em suas posições, desde o início, os sujeitos e os dispositivos coincidem até o ponto em que a categoria de autor não funciona, perde o sentido.

Acredito, também, que apenas nos situando através da perspectiva aberta por Tiqqun, por exemplo, constatando a "guerra civil" permanente que é propulsada pelo Estado em países ditos democráticos ganha sentido, de um outro modo inexplicável. Por exemplo, um dado que eu gostaria de assinalar, que aparentemente ignoramos, mas que se encontra disponível em bibliotecas e que numa rápida procura temos acesso, é o fato de que as leis vigentes na França e em outros países ditos democráticos na Europa são três ou quatro vezes mas repressivas que as da Itália no período fascista. Isso é indiscutível. De qualquer ponto de vista: das instalações ao tempo de detenção etc. Nunca se fala disso. E outro fato: sempre culpamos as sociedades e estados totalitários pela instituição de tribunais especiais. Mas o tribunal e os juízes do "caso Tarnac" constituíram um tribunal especial, ainda que não usem a expressão. Não sabemos nem como nem quem nomeou os juízes do caso, pois o que se constituiu aí foi justamente um "tribunal especial". E sabemos que, por definição, um tribunal especial é a destituição de toda legitimidade, pois ele viola o princípio de igualdade entre os indivíduos perante a lei e seu direito de legítima defesa. Inclusive a partir da mesma perspectiva da lei e dos princípios de lei de nossa sociedade. Estes procedimentos, nesse sentido, estão destituídos de legitimidade.

Pois bem, a partir da perspectiva do direito, a lei e os princípios de lei estão, em nossa sociedade, desprovidos de toda legitimidade. Isso é muito simples. Culpamos o fascismo italiano e o nazismo alemão de terem instaurado tribunais especiais, mas os toleramos na atualidade. E, portanto, penso que é nesse sentido que aquilo que Tiqqun denomina "Guerra Civil" (em curso) deve ser entendido. Assim como se faz compreensível a aplicação do controle biométrico, concebido originalmente aos criminosos reincidentes, voltado a todo o conjunto da população. Vocês sabem que em breve toda a população da França terá um cartão de identificação elaborado a partir de dados biométricos? Como tais medidas foram inventadas para os criminosos, cada cidadão será naturalmente tratado como criminoso ou terrorista em potencial, e não será nada estranho que quem se recusar a ser submetido a estes procedimento seja tratado imediatamente como terrorista.

Eu gostaria de concluir recordando uma história que um velho amigo, José Bergamin, que lutou na Guerra Civil Espanhola de 1936, me contou. Ele, poeta e intelectual, havia sido enviado junto de outro poeta, Rafael Alberti, aos Estados Unidos pelo governo republicano para buscar apoio do governo americano, mas foram detidos pela polícia na fronteira, que os interrogou infinitamente, os acusando de ser comunistas. Ao longo de dez horas de interrogatório, depois do qual obviamente sua entrada no país seria negada, meu amigo lhes disse: "Escute, não sou e nunca serei um comunista. Mas aquilo que vocês chamam de comunista, seguramente eu sou". Penso que nós devemos dizer isso agora: "Não somos e jamais seremos terroristas, mas aquilo que vocês consideram ser um terrorista, isso nós somos".

COM AS TESES[1]
miguel carmo

As *Teses sobre a comunidade terrível* [*Thèses sur la communauté terrible*] foram publicadas no final de 2001, no segundo e último número da revista *Tiqqun*. Em 2005, as *Teses* foram traduzidas e editadas em Lisboa (Portugal), em um conjunto de textos que inauguraram as Edições Antipáticas. A temática do conjunto é a mesma, e bem define a razão do surgimento desse coletivo editorial: discutir e combater a miséria nos ambientes subversivos. O livro das *Teses* une outro texto que disseca a "guetização" política dos meios radicais de Granada, Sul da Espanha, e conta com uma introdução da nova editora, que abraça as questões específicas ao "antagonismo político" do "gueto" lisboeta. Junto do livro é ainda entregue uma pequena brochura chamada *Antipatia – Diatribes das Edições Antipáticas*, que expõe longamente e sem quaisquer

---

[1] N. da E.: Este texto foi apresentado e lido pelo autor durante o primeiro encontro do programa *Cidadãos, voltem pra casa!, Império e Anonimato*. Ele foi adaptado do português de Portugal ao português brasileiro por Leonardo Araujo Beserra.

concessões a vaidade, a inutilidade, o autoritarismo, a parvoíce da cena anarquista portuguesa. O objetivo era abrir um espaço real de crítica ("nomear o elefante da sala") que acabasse com o isolamento autorreferencial e estético do movimento anarquista, punk, *okupa*, situacionista, e ao mesmo tempo desbloqueasse novas dinâmicas e práticas de emancipação coletiva. Que da "miséria em todos os meios subversivos" pudesse surgir a "subversão por todos os meios da nossa miséria existencial" – ficou escrito num dos textos lisboetas. Como se pode imaginar, passados 10 anos, há ainda muito por fazer.

As *Teses sobre a comunidade terrível* compõem, porém, um texto que respira outro ar e que resistiu à passagem do tempo – apesar de ter sido escrito sobre o pano de fundo dos meios subversivos do centro da Europa no final dos anos 1990 (o movimento *okupa* das capitais europeias, as grandes manifestações alter--globalização, o insurrecionalismo anarquista etc.) e, noutra escala, de um fim de século europeu que acumulou derrotas sobre derrotas nos movimentos operários e revolucionários. Embora escritas sobre esse fundo, as *Teses* criam uma rede de reflexão que não deixa ninguém a salvo, na Europa ou no Brasil. E isso porque a "comunidade terrível" não se trata de uma agregação humana particular, mas sim da ética da comunidade na era das democracias biopolíticas. Diz o texto:

"A comunidade terrível não é só uma comunidade de contestação social ou política, uma comunidade militante, mas é tendencialmente tudo aquilo que procura existir como comunidade no interior da democracia biopolítica: a empresa, a família, a associação, o grupo de amigos".

É um poema agoniante escrito no fundo do poço putrefato dos nossos sonhos mais bonitos, das nossas ingenuidades mais doces. Mas é igualmente um esforço notável, rigoroso, para estabelecer as bases para um "outro lugar", para

> "uma nova coerência entre os seres e as coisas, uma dança violenta que restitua à vida ao próprio ritmo, (...) uma reinvenção do jogo entre as singularidades – uma nova arte das distâncias".

Na sua gênese, as comunidades terríveis são fundadas sobre uma inevitável fuga de um mundo em ruínas, onde "quem parte não encontra os seus". O êxodo transforma-se em exílio, porque "uma multidão de homens que foge é uma multidão de homens sós". Ainda assim o encontro é inevitável,

> "a comunidade terrível é a única a se encontrar dado que o mundo, enquanto lugar físico do comum e da partilha, desapareceu e dele não resta mais do que uma quadrícula imperial a percorrer. Mas nenhum caminho os mantém juntos, senão a espontaneidade dos sorrisos, a crueldade inevitável, os acidentes de paixões".

Assim se forma pouco a pouco a comunidade terrível. Um quase êxodo que vira exílio, exílio de escravos e de depressões clínicas.

Dentre as inúmeras pistas avançadas pelas *Teses*, vou me concentrar no que nelas se diz sobre Afeto e sobre Forma, palavras que dão nome a dois dos capítulos do texto, e que estabelecem percursos teóricos que atravessam praticamente toda a produção desde Tiqqun ao Comité Invisível, incluindo também o *Appel*. No capítulo sobre Afetividade, é exposta a configuração das relações pessoais no interior da comunidade terrível, o lugar da verdade no seu discurso e ainda o nível de consciência que ela tem de si mesma. Encontramos neste capítulo passagens realmente desconfortáveis. Parece que deitamos no divã psiquiátrico toda nossa vida política. Em primeiro lugar, dizem-nos, que enquanto *"máquina de guerra unilateral"* a comunidade terrível não pode tolerar que circulem nas suas fileiras discursos perigosos sobre si mesma. O policiamento discursivo é o sinal mais evidente de que habitamos já uma comunidade terrível. Em segundo lugar, a comunidade terrível não produz uma consciência viva de si. Para além do que tais circunstâncias acarretam em termos de analfabetismo emocional (aquele que não se vê ao espelho), elas impedem, com consequências dramáticas, a "consciência da atividade de inconsciente autodestruição". Em terceiro lugar, a comunidade terrível reproduz, de forma efetiva – e, para os mais distraídos, talvez surpreendente –, a ordem simbólica do patriarcado.

É com este quadro que se escreve sobre Amor, sobre Mulher, sobre Amizade, sobre Homem, sobre Líderes Informais etc. A exemplo disso, uma longa passagem do texto:

"O amor entre os membros da comunidade terrível é uma tensão infindável que se nutre daquilo que o outro esconde e não revela: a sua banalidade. (...) A educação sentimental no seio da comunidade terrível funda-se na humilhação sistemática, na pulverização da autoestima dos seus membros. Ninguém pode ser portador de uma forma de afeto que tenha direitos de cidadania na comunidade. O tipo hegemônico de afeto no seu interior corresponde paradoxalmente à forma que no exterior é considerada mais atrasada. A tribo, a vila, o clã, o grupo, o exército, a família são universalmente reconhecidos como as formações humanas mais cruéis e menos gratificantes, mas persistem, apesar de tudo, no interior da comunidade terrível. As mulheres devem assumir um tipo de virilidade que hoje em dia nas democracias biopolíticas até os machos recusam; e tudo isto sentindo-se como mulheres com uma feminilidade defeituosa em relação à fantasia masculina dominante, também no seio da comunidade, que é a da mulher plástica e "sexy" para uso e consumo da sexualidade genital. (...) Se na comunidade terrível ninguém tem o direito de dizer a verdade sobre as relações humanas, para as mulheres isso é duplamente verdade: a mulher que faz uso de um discurso de verdade no seio da comunidade será imediatamente catalogada como histérica".

E continuando a citar o texto:

"Também as amizades, no seio da comunidade terrível, reentram no imaginário estilizado e raquítico que convém a qualquer sociedade heterossexual e monógama. A questão das relações homem-mulher não pode ser nunca abordada e é sistematicamente resolvida 'à antiga'. As amizades permanecem então rigorosamente monossexuais, homens e mulheres desgastam-se numa estranheza invencível, que lhes permitirá, no momento certo, formar eventualmente um casal. (...) A parte de humilhação e de degradação dos homens consiste na obrigação de exibir constantemente as próprias capacidades numa forma qualquer de performance viril".

A frase chave deste capítulo será: "O pessoal, na comunidade terrível, não é político". É esta atenção particular à dimensão política dos laços e ligações entre pessoas, portanto o afeto, que desenvolve o lugar crucial nas perspectivas desenvolvidas por Tiqqun e pelo Comité Invisível. De tal maneira, que é daí, do afeto e da amizade, que vemos surgir uma outra ontologia do político, isto é, da "luta de classes", do "sujeito revolucionário", da "revolução". Não mais uma economia política. No texto *Aos Nossos Amigos*, do Comitê Invisível, 15 anos depois das *Teses*, este desenvolvimento é bem explícito:

"Não há nenhum novo sujeito revolucionário cuja emergência tenha escapado, até então, aos observadores. Quando se diz que 'o povo' está na rua, não se trata de um povo que existisse previamente, pelo contrário, trata-se do povo que previamente faltava. Não é 'o povo' que produz o levante, é o levante que produz o seu povo, suscitando a experiência e a inteligência comuns, o tecido humano e a linguagem da vida real entretanto desaparecidas. (...) Não há um céu social por cima das nossas cabeças, não há nada para além de nós e do conjunto de ligações, de amizades, de inimizades, de proximidades e de distâncias efetivas que experimentamos".

Procurando resumir e finalizar, no que diz respeito à introdução da Edições Antipáticas, a comunidade terrível é simultaneamente a forma de superação da política clássica e a sua continuação por outros meios. A sua militarização mais ou menos consciente reproduz e reconfigura – em nome do conflito sem tréguas ou das concessões ao domínio da mercadoria – um dispositivo pós-autoritário de poder, em que se combinam formas arcaicas e sofisticadas de constrangimento e se criam novos pretextos para sufocar os desejos dos seus participantes. Ao longo do texto, mas sobretudo no capítulo Forma, evidencia-se o carácter pós-autoritário da comunidade terrível e identificam-se os inúmeros problemas que advém da informalidade como proposta organizativa. Desde logo, a evidência é de que no seio da comunidade terrível "a informalidade é o meio mais apropriado à construção inconfessada de impiedosas hierarquias". Debate central nos movimentos autônomos, na Autonomia enquanto lugar histórico do comunismo e do anarquismo contra o Estado, cabe a nós, a partir de "todos estes laços, todas estas conversas, todas estas amizades, tecer por capilaridade, à escala mundial, um partido histórico em construção" – "o nosso partido", como dizia Marx.

SOBRE UMA ORGANIZAÇÃO MEMÉTICA DA POLÍTICA[1]
roberto winter

I

Se é verdade que, como teria alertado Walter Benjamin, por trás de todo fascismo há uma revolução fracassada, faz-se urgente avaliar os mais recentes fracassos. Provavelmente não seria apenas o fracasso de uma "esquerda tradicional", mas o fracasso de uma longa série de revoltas, levantes ou insurreições que parecem ser de um outro tipo, já que as "contra-revoluções" – por falta de um nome melhor – são também muitas e variadas.

---

1 N. da E.: Este artigo foi produzido alguns meses após o primeiro encontro do programa *Cidadãos, voltem pra casa!*. A apresentação de Roberto Winter no evento se definiu por outra análise, que o fez desejar contextualizar e elaborar o presente artigo, entregue para edição ainda em setembro de 2016. Como nos demais, a presente edição optou por manter o texto original, com pequenos ajustes pontuais. Entre tais ajustes, e com o objetivo de facilitar a leitura, optou-se por manter no rodapé do texto (numeradas de 1 a 17) apenas notas referentes aos trechos citados por extenso e a comentários diretamente ligados ao assunto tratado no texto principal. As demais notas do autor, que trazem exemplos, documentos e indicações bibliográficas complementares, mas não essenciais, encontram-se no fim do artigo, ordenadas alfabeticamente em letras minúsculas (a-m).

Ainda que seja difícil apontar com precisão a origem, ou mesmo localizar quais exatamente seriam tais insurreições, vê-las pelos índices das 'contra-insurreições' é uma tarefa genealógica aparentemente interminável: as chamadas 'primaveras árabes' foram, uma a uma, desmoronando em regimes mais brutais que os destituídos (veja-se a **Líbia** ou o **Egito**); o Occupy Wall Street deu lugar a uma disputa presidencial entre, de um lado, um candidato a presidente sabidamente racista e homofóbico e, de outro, uma candidata que derrotou seu concorrente de partido de maneira comprovadamente desleal (**Trump** e **Hillary**, na eleição de 2016); simultaneamente, nos mesmos EUA, a **violência racista** xenofóbica e homofóbica alcançou patamares alarmantes (dos assassinatos de Trayvon Martin, Michael Brown e Freddie Gray aos ataques no clube Pulse em Orlando, passando por tantos outros); os espanhóis do 15M, alguns dos quais organizados em torno de uma agremiação política tradicional, o partido Podemos, perderam, numa segunda eleição legislativa, o pouco espaço que tinham ganho para o partido governista e conservador, o **PP espanhol**; no Brasil, anos depois do que aconteceu em **Junho de 2013** e após um acirrado processo eleitoral (em 2014), instalou-se uma profunda instabilidade política associada a uma controversa operação de investigação de corrupção (Lava Jato) e iniciou-se um golpe de estado conservador na forma de um suposto *impeachment* contra a presidenta Dilma Rousseff que contou com o apoio de **manifestações de rua com expressiva participação**; na Europa, desencadeou-se uma profunda crise econômica, somada a (e possivelmente impulsionada por) uma **crise de imigração** de escalas continentais, e chegou-se ao ponto em que a população do Reino Unido votou pela **saída da União Européia** (aparentemente, sem saber o que fez).[a]

Os tempos são tão sombrios que os exemplos poderiam continuar, país a país, caso a caso, e formar uma lista dos que podem ser os mais inacreditáveis acontecimentos dos últimos tempos. O que poderia ter dado errado?

O caso brasileiro é paradigmático não apenas pela proximidade, mas também pela maneira como se desenrola e os mecanismos que mobiliza (ou que podem ser mobilizados para entendê-lo). Seria cômico se não fosse de uma crueldade descomunal que um dos principais movimentos ditos populares que articularam o *impeachment* chama-se MBL (Movimento Brasil Livre), uma clara alusão/cooptação fonética da sigla MPL (Movimento Passe Livre) – um molde formal para as campanhas que ocorreram desde 2015 e levaram à destituição da presidenta em Maio de 2016.[b]

Não deveria ser surpreendente que as forças conservadoras estejam sempre dispostas a dobrar e tornar suas (cooptar) todas as energias e "invenções" dos seus inimigos – não há modo mais eficaz de conservação. Mas quanto a isso, não deixa de ser instrutivo lembrar que os integrantes do MBL (e outros) tenham ido às ruas gritando "quem não pula é petista" ou "vem pra rua", frases que, devidamente modificadas, tinham sido bradadas à exaustão em todo o país durante as manifestações convocadas pelo MPL ao longo de Junho 2013. (Além de "vem pra rua", a frase originalmente utilizada pelo

MPL era "quem não pula quer tarifa" em referência à
demanda do fim da tarifa cobrada no transporte público). Ou ainda, lembrar que o próprio fato de terem ido
às ruas em manifestações é uma contradição (ao menos
aparente), dada a força conservadora que os movia: a
manifestação de rua era entendida até então como uma
ação violenta porque negava as estruturas de poder e
ordem estabelecidas (e a eficácia da manifestação de
rua como estratégia anti-sistêmica supostamente se
nutriria justamente disso). Contradição atenuada, é
verdade, pelo fato de a maioria das manifestações,
ainda que de rua, ter acontecido em domingos e em
vias onde o uso exclusivamente por pedestres neste
dias já tinha algo de aceito – para não mencionar os
"panelaços", que ocorreram em esmagadora maioria
nas sacadas dos condomínios dos bairros nobres do
país. Mesmo assim, como é possível que até a *forma*
manifestação de rua possa ter sido cooptada por um
movimento conservador?[c]

Mas, para poder ir além das anedotas, seria útil
reconhecer no contexto brasileiro as especificidades
que tornam seu caso sintomático. As especificidades
são tantas que decidir por onde começar torna-se tarefa
difícil: Um país cuja história ditatorial recente é única
e cujos desdobramentos culturais, políticos e econômicos
ainda são tabus? Um país cuja produção cultural em
geral – e a propagandística em particular – é (apesar de
tudo?) reconhecidamente excepcional? Um país com uma
inacreditável configuração midiática (principalmente
no que se refere às mídias tradicionais como jornais,
revistas, televisão etc.)? Um país eminentemente

"comunicativo", com uma das maiores presenças na internet, em especial de usuários nas redes sociais?[d]

Os seus escopos não permitem que nenhuma resposta a essas perguntas seja sequer esboçada aqui, bastaria reconhecer que tudo se passa como se as especificidades da condição brasileira criassem uma espécie de posição privilegiada para entender em termos mais gerais o caminho paradigmático que, por exemplo, leva do MPL ao MBL.

Para começar a compreender o contexto que permeia (e conecta) esses acontecimentos talvez ainda seja necessário dar dois passos atrás. Seremos de novo obrigados a nos confrontar com (e agora negar) o trabalho. Porque se por um lado, "[e]xceto por uma ínfima minoria de retardatários, ninguém mais acredita no trabalho [e] justamente por isso a fé em sua necessidade só se torna mais feroz", por outro, o trabalho é o mais claro indicador dos caminhos evolutivos do capitalismo, manifestado pela classe trabalhadora:

> "A cada época, a forma de aparição do proletariado se redefine em função da configuração geral das hostilidades. A mais lamentável confusão em relação a isso diz respeito à "classe operária". Como tal, a classe operária sempre foi hostil ao movimento revolucionário e ao comunismo. [...] Se tirarmos dele os elementos plebeus, o que significa precisamente aquilo que ele não podia reconhecer como operário, o movimento operário coincide ao longo de toda sua existência com a parte progressista do capitalismo".[2]

---

2 Citações de TIQQUN, *Isto não é um programa* (São Paulo, Dazibao, 2012), p. 143 e 31. A partir daqui, numerações de página que aparecerem no corpo principal do texto referem-se a esta edição.

Mas qual exatamente é a *classe operária* que precisaria ser analisada por uma crítica que se pretenda contemporânea? Certamente não mais os trabalhadores manuais, trocados por máquinas a partir de fins do século XIX (por mais que sigam existindo hoje), possivelmente não mais os trabalhadores fabris do início do século XX (paulatinamente robotizados, mas que também ainda existem) e talvez nem mesmo os precários trabalhadores do setor terciário que ganharam importância a partir de meados do século XX (e que se multiplicam a cada dia apesar das supostas ameaças do avanço da chamada 'inteligência artificial'). Não, o caminho hegemônico,[3] por mais que talvez ainda minoritário quantitativamente, tem a ver com o

> "fato de SE chamar hoje de trabalho aquilo que até ontem mesmo era qualificado como lazer – pessoas que 'testam videogames' são pagas para jogar o dia todo; 'artistas' recebem para fazer suas micagens em público; uma massa crescente de impotentes que SE intitulam de psicanalistas, cartomantes, *coaches* ou apenas psicólogos ganha somas consideráveis aos montes para escutar outras pessoas se lamentando [...]" (p. 143).

Torna-se claro que, bem ao modo cognitivo preferido do que Negri e Tiqqun chamam Império, ou do que os situacionistas chamam de Espetáculo, é preciso

---

3 "Falar de forma 'hegemônica' implica, nesse contexto, admitir que, mesmo não sendo aquela que numericamente cobre a maior parte dos casos, ela tem a força de determinar a tendência de desenvolvimento de todas as demais", conforme Vladimir Safatle em *Cinismo e falência da crítica* (São Paulo, Boitempo, 2008), p. 12.

entender *como* trabalho justamente aquilo que *não é* entendido como trabalho. E do ponto de vista da economia quantitativa é relativamente fácil fazê-lo: se a internet é um dos principais lugares de valorização (no sentido genérico) na contemporaneidade basta buscar nela onde se concentram as intermináveis massas humanas que *não* trabalham: as redes sociais.[e] E depois é preciso ir além.

II

Em 2012 ocorreu a oferta pública inicial das ações do Facebook na bolsa de valores de Nova Iorque, uma das maiores aberturas de capital de toda a história, totalizando aproximadamente a vultosa e inacreditável soma de 100 bilhões de dólares. A abertura de capital da Petrobrás, que somou aproximadamente a metade da do Facebook, também foi uma das maiores de todos os tempos.[f] Mas, se o preço da Petrobrás foi dado pela promessa da extração de grandes quantidades do petróleo da camada pré-sal, de onde vem a valorização monetária tão mais expressiva do Facebook? Ou: o quê ou quem produz esse dinheiro?[4] Os poucos programadores que fazem o site certamente não podem ser responsáveis por essa enorme soma. De volta à massa humana que *não trabalha*: no Facebook são os bilhões de

---

4 **Adendo de abril de 2019:** as discussões relativas aos modos de funcionamento e modelos econômicos de redes sociais (e outros), bem como de seus efeitos colaterais, foi muito aprofundada e desenvolvida no (agora) incontornável livro de Shoshana Zuboff, *The age of surveillance capitalism* (Londres, Profile Books, 2019).

usuários e o interminável conteúdo que eles colocam no site que dão razão à sua existência. É evidente: é o trabalho de colocar o conteúdo no Facebook que é transformado em dinheiro. O curioso é que em alguma medida, a valorização monetária explícita na bolsa de valores é constrangedora para o próprio Facebook porque é justamente essa valorização que deixa entrever quanto seus usuários não são simplesmente consumidores que produzem (ou produtores que consomem).

Quem faz esses sites pode alegar que oferece um serviço gratuito e, em troca, os usuários simplesmente se beneficiam dele. Mas os usuários 'pagam' não só por sua própria exposição à propaganda (que, aliás, é como a maioria dos sites funciona), mas também ao fornecer suas informações (na forma de, entre outros, seu comportamento no site) – esses dois ramos são complementares e retroalimentam-se, já que os perfis demográficos de alta fidelidade dos usuários do Facebook lhes permite direcionar a propaganda com precisão, e, não à toa, a empresa contabiliza as maiores taxas de crescimento de lucros com propaganda na internet, tendo chegado a triplicar em 2016.

Os usuários oferecem, em troca do serviço, sua atenção, sua cognição. E mais, para os usuários tudo se passa como se eles estivessem produzindo – a recompensa é também da ordem da diversão, do prazer: óbvio, diferente de ler uma revista e ter que se deparar com uma propaganda aqui e ali, os membros do Facebook são ativos, eles atualizam seus status, compartilham links, criam eventos, trocam fotos e vídeos, comentam e, acima de tudo, "curtem".[5]

Se o Facebook vale tanto, seus usuários também "valem" (de algum modo); ou melhor (ou pior, na verdade!), o trabalho realizado por eles também "vale". Mas, por mais que haja uma espécie de "remuneração" psicológica de ordem libidinal – dos vários prazeres que podem ser extraídos do uso contínuo do site, desde uma suposta glória de ser reconhecido (de se tornar uma subcelebridade), passando tanto pelos pequenos afagos que satisfazem egos sedentos por receber atenção quanto pela satisfação de se entender no controle da construção de uma identidade (virtual) e até o voyeurismo explícito de 'stalkear' (perseguir ou investigar) perfis de terceiros –, os usuários não estão sendo remunerados. Eles não estão sendo pagos por esse trabalho, ou seja, ainda que o usuário do Facebook produza algo, essa produção não

---

5 A discussão, aqui, utiliza o Facebook como paradigma, mas é relativamente simples fazer analogias com outras redes sociais. Sobre o crescimento acelerado e único dos seus lucros, ver "Facebook Profit Nearly Triples on Mobile Ad Sales and New Users" (http://www.nytimes.com/2016/07/28/technology/facebook-earnings-mobile-ad-revenue.html). A despeito da particularidade, seria necessário reavaliar o funcionamento da dinâmica de "curtidas" do Facebook à luz das novas formas de "curtir" introduzidas com as chamadas "reações", no início de 2016 (ver, por exemplo, "Facebook reactions, the totally redesigned like button, is here" http://www.wired.com/2016/02/facebook-reactions-totally-redesigned-like-button/). Suspeito que haja aí o indício da substituição de uma sistemática quantitativa interna ao funcionamento do Facebook, que parece reconhecer uma transição (ou sobreposição) da cultura do 'curtir' para uma cultura de 'compartilhamento'. É notável que no mesmo período o botão "compartilhar" passou a permear toda a interface do site, ou seja, agora é possível que mesmo um pequeno texto de 'status' possa se tornar 'conteúdo' viral (ao modo do Twitter e seus re-tweets). Ao mesmo tempo, as diversas 'reações' (no lugar do mero 'curtir') permitem uma avaliação mais matizada do engajamento dos usuários com o conteúdo (que ainda podem alavancar sua visibilidade compartilhando-o). Seja como for, esta análise exigiria outro texto.

tem retorno financeiro para ele porque é como se esse retorno fosse a todo tempo imediatamente tomado pelo Facebook. Assim, a produção não se dá em termos, digamos, clássicos – como, por exemplo, quando um sapateiro fazia um sapato, vendia o sapato e ganhava por isso. Tudo se passa como se os usuários escolhessem ser explorados: parece a princípio uma troca "justa", mas o grande beneficiário é o Facebook e o usuário acaba trabalhando de graça; não só ele oferece a cognição dele para ser explorada, mas pior, ele também oferece com prazer aquilo que é capaz de produzir; e ainda escolhe por vontade própria se sujeitar a isso, numa espécie de auto-proletarização. Se dar conta disso é perceber que o usuário deixa de ser mero usuário: *o usuário é um produtor e não é*; é um produtor, mas apenas como consumidor; é um consumidor que se passa por produtor, mas explorado; é apenas um consumidor, mas já duplamente alienado, porque é simultaneamente alienado da sua produção e do seu consumo – a figura acabada daquilo que se poderia chamar de "prosumidor" (uma contração das palavras 'produtor' e 'consumidor').

No início dos anos 2000, logo após o auge do entusiasmo com a "cultura ponto com", falava-se muito em "ativismo de sofá".[g] Levados pelo fervor e novidade dos sítios web, vislumbrava-se a possibilidade de novas maneiras de organização e mobilização de grupos políticos ou com pautas e demandas sociais, culturais, econômicas etc. Parecia bastante claro: do mesmo modo que a CNN podia ter sua página na rede, um pequeno grupo de moradores de uma vila esquecida em algum lugar também poderia ter a sua. A diferença, claro, é que a CNN segue a dinâmica da massificação e é capaz de alimentar e produzir uma quantidade muito maior de conteúdo (ideologia) que qualquer grupo de vizinhos. Por mais que "cnn.com" e "grupodevizinhos.com" possam parecer estruturalmente iguais, restam ainda diferenças que remontam às mídias tradicionais. Diferenças que agora, de novo, parecem ser apagadas pelas redes sociais.

Vivemos cada vez mais numa cultura que gira ao redor de "curtir" e "compartilhar", onde as estruturas e modos de funcionamento das redes sociais tornaram-se incontornáveis para qualquer atividade (da organização política às trocas afetivas, das compras à educação e assim por diante). E onde essas atividades foram levadas para uma nebulosa esfera mercantilizada em que não só as embalagens de qualquer produto parecem ser obrigadas a estampar o logotipo das redes sociais como até as eleições presidenciais ou *impeachments* se tornam rentáveis negócios, verdadeiras *hashtags*. Se aceitarmos que as redes sociais representam um modo hegemônico de trabalho e que o trabalho é o elemento progressista do capitalismo, se torna inescapável que o(s) modo(s) de funcionamento das redes sociais também deve(m) ser de especial interesse ao poder, ou seja, o modo de funcionamento das redes sociais deve ser entendido como politicamente determinante. Por mais que seja fácil perceber que "curtir" e "compartilhar" são as atividades fundamentais (trabalho) dentro das redes sociais, é necessário reconhecer que os memes representam a forma prototípica que rege essas atividades, bem como é preciso entender seu funcionamento.

III

Quando desenvolveu o conceito de meme no final da década de oitenta, Richard Dawkins jamais poderia imaginar que 'posters motivacionais' e 'image macros' – dois dos tipos mais comuns de memes de internet – seriam a primeira coisa que viriam à mente quando se falasse a palavra "meme" na segunda década do século vinte e um. O meme tem sua origem no campo da genética, mais especificamente numa relação com *gene* – em uma analogia com a disseminação de informação cultural. Para Dawkins, o meme, como o gene, é um "replicador", sendo ambos "unidades fundamentais da seleção natural, as coisas básicas que sobrevivem ou fracassam, que formam linhagens de cópias idênticas com mutações ocasionais".[6] Dawkins afirma que a "transmissão cultural é análoga à transmissão genética", por isso a necessidade de "um nome para o novo replicador, um substantivo que transmita a ideia de uma unidade de transmissão cultural, ou uma unidade de imitação": o meme.[7] De acordo com Dawkins:

"Exemplos de memes são melodias, ideias, "slogans", modas do vestuário, maneiras de fazer potes ou de construir arcos. Da mesma forma como os genes se propagam no 'conjunto' [pool] de genes pulando de corpo para corpo através dos espermatozóides ou dos

6 Richard Dawkins, *The selfish gene: 30th Anniversary Edition* (Oxford, Oxford University Press, 2006), p. 253 - tradução de Roberto Winter. Para a discussão abordada aqui, ver, em especial, o capítulo 11.

7 Idem, p. 192 - neste caso, a tradução segue a edição brasileira do livro.

óvulos, os memes propagam-se no 'fundo' [pool][8] de memes pulando de cérebro para cérebro por meio de um processo que pode ser chamado, no sentido amplo, de imitação. Se um cientista ouve ou lê uma ideia boa ele a transmite a seus colegas e alunos. Ele a menciona em seus artigos e conferências. Se a ideia pegar, pode-se dizer que ela se propaga a si própria, espalhando-se de cérebro a cérebro. Como meu colega N. K. Humphrey claramente resumiu uma versão inicial deste capítulo: '... os memes devem ser considerados como estruturas vivas, não apenas metafórica mas tecnicamente. Quando você planta um meme fértil em minha mente, você literalmente parasita meu cérebro, transformando-o num veículo para a propagação do meme, exatamente como um vírus pode parasitar o mecanismo genético de uma célula hospedeira. E isto não é apenas uma maneira de falar – o meme, por exemplo, para 'crença numa vida após a morte' é, de fato, realizado fisicamente, milhões de vezes, como uma estrutura nos sistemas nervosos dos homens, individualmente, por todo o mundo'".[9]

Assim, um meme é simplesmente algo como uma informação, uma memória ou uma ideia que se espalha dentro de uma sociedade, replicando-se, sofrendo mutações e sujeita a um processo de seleção natural. (Não cabe aqui entrar no mérito do darwinismo cultural duvidoso que parece sustentar a proposta de Dawkins).[h]

Essa definição, possivelmente mais ampla, deu lugar ao uso da palavra meme em referência ao que se poderia

---

[8] A tradução brasileira de *The selfish gene*, *O gene egoísta* (São Paulo, Edusp, 1979), opta por usar "fundo" para a palavra "pool", seguimos a mesma convenção aqui, apesar de não parecer a opção mais clara.

[9] Richard Dawkins, *The selfish gene* (op.cit.), p. 192 - tradução de R.W. seguindo a edição brasileira do livro.

chamar mais especificamente de "meme de internet", que são basicamente piadas visuais "virais" na internet que, de modo geral, fazem alusão a elementos da cultura popular (ou de massa) e seguem formas reconhecíveis (formas como os já citados 'image macros', por exemplo).[10]

O meme deve ser entendido como uma construção semântica, como um elemento formal dentro da linguagem das redes sociais.[11] Isso significa que não se pode reconhecer apenas os "memes de internet" como memes, mas também a crescente capacidade das estruturas das redes em transformar tudo em "meme": notícias de jornal reduzem-se às suas manchetes, longas entrevistas reduzem-se a curtos vídeos, pensamentos e teorias reduzem-se a frases de autoajuda e assim por diante. Reconhecer as chamadas *hashtags* como meme é dar-se conta disso. Qualquer coisa pode ser *memeficada*, basta que seja submetida a uma simplificação e dada a forma de uma representação visual cativante com uma alusão fraca a alguma ideia, conceito ou noção prévio que o alvo desejado do meme possa alegar (re)conhecer.

---

10 Uma caracterização aprofundada e com mais nuances sobre os memes no contexto da cultura digital, bem como sobre conceitos correlatos, é dada por Limor Shifman, *Memes in digital culture* (Cambridge, MIT University Press, 2014).

11 Uma digressão possível, mas que será evitada aqui, envolveria considerar essa ideia de "forma" exclusivamente a partir do contexto da arte, ou seja, reconhecendo o problema como potencialmente estético/artístico. E nos dois sentidos: uma certa preferência do campo artístico por uma produção (dita) conceitual (ou, nos termos deste texto, uma produção artística *memética*) também poderia ser reavaliada. Caberia perguntar ainda: qual o papel da produção artística na criação das bases e na manutenção da atual condição *memética*? Uma pergunta não só retrospectiva - sobre como a arte lhe proveu bases, por exemplo, por meio das estratégias de apropriação -, mas também prospectiva, sobre como a arte se engaja na manutenção ou, alternativamente, sobre como poderia contribuir para a superação dessa condição.

E na *memeficação* da política vê-se a realização formal inequívoca do papel atribuído pelo poder na sociedade capitalista contemporânea a todas as manifestações políticas – não só porque confere forma fechada e pré-concebida a manifestações espontâneas, mas também porque coloca qualquer manifestação que se valha dessa forma em um mesmo patamar de simplificação e numa dinâmica gerida de apreciação e produção de sentido. Se o *slogan* político já foi um modo de posicionamento potente exatamente porque seu uso estava indissociavelmente atrelado a intervenções reconhecidas como violentas (manifestações de rua, pixações, panfletagens etc.), o meme é elemento apaziguador ao introduzir o *slogan* (ou uma variação dele) num ambiente controlado e numa manifestação formal engessada e programática. O meme também reconfigura o próprio *slogan* político como meme; torna-o idêntico a si ao permitir ou tornar inescapável que seja reconhecido também como meme, ainda que para isso tenha que modificá-lo. Assim o MPL facilmente vira MBL, "quem não pula quer tarifa" vira "quem não pula é petista", e assim por diante. Mais ainda, a própria forma-manifestação pode ser desgastada, cooptada; não só porque vira meme (torna-se imagem "viralizada"), mas também porque agora é possível dissociá-la do seu conteúdo supostamente intrínseco – conteúdo que, agora torna-se mais claro, talvez nunca tenha sido intrínseco à sua forma.

O meme apresenta-se então como a condensação de uma possibilidade de existência cínica, na qual sob uma mesma forma qualquer coisa pode ser trocada por qualquer outra sem que haja prejuízo para um certo estado anterior de coisas. Que se possa pedir que tudo mude para que tudo permaneça como era antes.

IV

Como era antes... por mais que diferente. A referência ao *slogan* político é um indício de que ainda existe aí alguma conexão com a propaganda, o *marketing*. E entender a diferença entre aquele momento da predominância das velhas formas de propaganda (em relação às atividades políticas) e a atual força do meme nos daria a dimensão da complexidade da situação. A primeira pergunta que se poderia fazer seria: por que o impulso *memeficador* é capaz de reconfigurar (retroativamente), por exemplo, o *slogan* político como meme e o mesmo não era verdade para a relação da propaganda com o *slogan* político? Em outras palavras: por mais que o *slogan* político possa se configurar como propaganda (por ser *slogan*), não era razoável dizer que a mera existência (ou aceitação) da (forma) propaganda permitiria a transformação (cooptação) de um *slogan* político qualquer na dinâmica da propaganda com a mesma totalidade que parece ser capaz de fazê-lo o meme. O ponto crucial reside, de volta às redes sociais, numa diferença estrutural.[i] Se o reconhecimento de uma dimensão violenta da manifestação de rua era possível devido à sua ruptura com as estruturas de poder estabelecidas (o Estado, a ordem urbana, o controle dos corpos etc.), a propaganda (assim como o *slogan* propagandístico) também possuía lugares fixos e determinados de ocorrência: as páginas dos jornais e revistas, os *outdoors*, as telas de televisão. A propaganda não podia retomar para si sem perdas aquilo cuja forma original lhe era totalmente alheia. O meme extrapola essa determinação, ou melhor, manifesta-se principalmente numa outra estrutura: as redes sociais. Estas se apresentam como estruturas vazias, aparentemente não-pré-determinadas e cujo sentido é dado pelo(s) seu(s) uso(s) – e que *necessitam absorver todo* o conteúdo possível. Nas redes sociais dá-se uma espécie de amalgamento das dimensões privadas, públicas, pessoais, culturais, políticas e assim por diante. Amalgamento este que não era possível antes[j] e que configura um novo lugar de poder e de (aparente) exercício dele. O meme, entendido então como emergência específica da internet em geral e das redes sociais em específico (numa relação de simbiose) se potencializa como forma cooptável justamente na medida em que é manifestação típica de um lugar entendido como aquele que permite comunicações interpessoais vistas como diretas (porque a estrutura da rede social e seus condicionamentos faz-se invisível para os interlocutores). Por isso, muito além das capacidades da propaganda tradicional, os memes parecem permitir essa reconfiguração semântica retrospectiva de outros elementos, pois enquanto a propaganda estabelecia necessariamente uma relação determinada de poder (de submissão, necessariamente não interpessoal), a propagação e mutação dos memes na internet (e nas redes sociais) embaralham, nublam, apagam e alienam essas relações – e o fazem de modo estritamente técnico.

A separação de um indivíduo qualquer em relação ao conteúdo de um *outdoor* é muito maior do que a relação dela ou dele em relação a um vídeo no YouTube; afinal de contas, "qualquer" pessoa pode colocar ou ter colocado um vídeo no YouTube,[12] enquanto que um usufruto do *outdoor* como meio de comunicação impõe pré-condições claras (em outras palavras: por ser, antes de tudo, muito caro, é inacessível de um modo geral). Pensado assim, torna-se mais claro o papel das redes sociais em relação à internet: por mais que seja verdade que qualquer pessoa pode ter uma página na internet – do mesmo modo que uma gigantesca empresa multimilionária – também é óbvio que a diferença de recursos disponíveis para cada uma produzirá páginas estruturalmente muito diferentes. O mesmo não é totalmente verdade em relação às redes sociais: o perfil da Coca-Cola no Instagram tem exatamente as mesmas possibilidades estruturais que o perfil de um adolescente etíope ou até o de uma organização terrorista como o ISIS – a grande diferença, como também era o caso das páginas da internet, é a qualidade do conteúdo que se disponibilizará em cada um dos perfis. Do mesmo modo que Andy Warhol enaltecia a Coca-Cola por ser democrática, por sempre ser igual para todos, as redes sociais se passam por uma espécie de tábula-rasa da experiência formal da informação; são a

---

[12] "Qualquer pessoa" é um exagero, já que o uso do YouTube requer um dispositivo que possa acessá-lo, uma conexão à internet, um conhecimento sobre seu funcionamento e assim por diante; fato é que a disponibilização de conteúdo é consideravelmente simples neste tipo de plataforma.

mídia anti-mídia meta-mídia. E, consequentemente, um meta-poder.[13]

A insistência no "meta" pretende apontar o fato de as redes sociais funcionarem como uma espécie de estrutura de mediação da mediação. Na realidade, talvez apenas as redes sociais mereçam realmente figurar na categoria de "mídia", pois estão mediando o conteúdo produzido por canais de informação e os leitores. Uma das inúmeras polêmicas envolvendo a "curadoria" de notícias no Facebook (que, alega-se, censurava a aparição de conteúdo conservador entre os tópicos mais populares) revela que, como não poderia deixar de ser, sempre haverá elementos humanos e escolhas enviesadas em qualquer forma de mediação.[k] A maior diferença no caso das redes sociais seria apenas que se parecem mais com (ou se passam mais por) uma ideia impossível de mídia que deseja ser tida como totalmente imparcial (inclusive porque são programadas – o que oculta sob a automatização o elemento humano, os programadores que decidem como serão feitas as escolhas automáticas).

As maneiras como as pessoas se relacionam com as redes sociais são muito particulares e diferentes,

---

13 A declaração original de Warhol costuma ser citada num contexto em que se exalta o aspecto democrático da cultura de consumo, ainda que nada tenha a ver com democracia: "O que é maravilhoso sobre este país é que a América iniciou a tradição onde os consumidores mais ricos compram essencialmente as mesmas coisas que os mais pobres. Você pode estar assistindo TV e vê a Coca-Cola, e você sabe que o presidente toma Coca-Cola, Liz Taylor toma Coca-Cola. Uma Coca é uma Coca e nenhum dinheiro pode conseguir uma Coca melhor do que a que aquele mendigo na esquina está tomando. Todas as Cocas são iguais e todas são boas. Liz Taylor sabe disso, o presidente sabe disso, o cara da esquina sabe disso e você sabe disso".

e é certo que a maior parte das pessoas nem sabe direito porque fazem o que fazem e/ou como fazem o que fazem — isso porque é impossível saber, já que ninguém tem acesso real a como elas funcionam (seja do ponto de vista técnico ou até mesmo conceitual/ psíquico). O caso do Snapchat é exemplar, tendo-se em vista que não é incomum que seja mobilizada como justificativa para não usá-lo o fato de seu funcionamento ser incompreensível (em primeiro lugar, a maneira como a interface funciona; mas também, em maior medida, o fato de o porquê mesmo da sua existência, o seu *para-que-serve*, ser um mistério para muitos).[1] De qualquer forma, o meta-poder das redes sociais está exatamente em se passar por invisível, em ser capaz de estruturar experiências e entendimentos ao mesmo tempo que, espantosamente, parece não ser percebida como estrutura.

Quando Chris Anderson propôs a sua teoria da cauda longa em 2004 foi recebido com algum otimismo, dada a possibilidade de ser possível vislumbrar ali um ponto final para a cultura de massas.[14] A internet parecia oferecer os mecanismos técnicos que permitiriam que as pessoas pudessem acessar aqueles conteúdos que mais lhe interessassem, por mais que esse interesse fosse restrito a pequenos grupos. Grupos cujo valor econômico era praticamente nulo nas dinâmicas tradicionais do capitalismo porque não justificariam nem a disponibilização do conteúdo em primeiro lugar.

---

14 A primeira versão apareceu num artigo da revista *Wired* em Outubro de 2004 e pode ser encontrada online em http://www.wired.com/2004/10/tail/

Mas serviços como Amazon e Netflix poderiam se viabilizar e se valer justamente desses pequenos grupos para criar uma nova economia. Mas, uma vez que em 2004 as redes sociais apenas engatinhavam e o YouTube sequer existia – para ficar em apenas dois exemplos, já que a disponibilidade e utilização de serviços na internet modificou-se profundamente (ou completamente?) desde a segunda metade da década de 2000 –, Anderson não poderia imaginar que não apenas os interesses dos consumidores poderiam ser entendidos dessa nova maneira, como também se modificariam os papéis dos produtores de conteúdo e, mais ainda, toda a dinâmica se reconfiguraria com a emergência dos *prosumidores*. Os milhares de canais de subcelebridades no YouTube, cada um seguido por uns poucos milhões de usuários e com espantoso engajamento, realmente talvez deva ser entendido como um indício da superação da cultura de massas. Mas uma superação que se dá pela troca dela por uma meta-cultura de massas: o elemento *de massa* agora não é mais de conteúdo, mas é estrutural, ou seja, é o próprio YouTube – é necessário ressaltar que a cultura de massa segue existindo, até porque também serve como alicerce dessa nova organização (ou transição).

E para cada um dos vários ramos de atividade, uma meta-massificação: para a televisão, o YouTube (e o Netflix); para o transporte, o Uber; para a hotelaria, o AirBnB; para as compras, a Amazon (o eBay e o AliBaba); para a comunicação, o Whatsapp (e o Snapchat); para a mídia, o Twitter; para a cultura visual, o Instagram (e o Tumblr); e para todos, o Facebook.¹⁵ Estruturas de poder que, por construção, querem ser alienantes (invisíveis) e criar e reconfigurar, inclusive retroativamente, as experiências de mundo por meio de um entendimento *memético* dele.

Pouco a pouco é possível perceber que qualquer tentativa de subtrair-se desse contexto fracassaria antes mesmo de começar, a potência do meme está justamente em agir mesmo sobre aquilo que não lhe diz respeito (tudo é *memetizável*, cooptável). "Que ficássemos ausentes de suas provocações, indiferentes a seus valores, que deixássemos seus estímulos sem resposta, eis o pesadelo permanente da dominação cibernética",¹⁶ pesadelo que parece ter sido superado

---

15 Conforme argumentado por Tom Goodwin, em "The Battle Is For The Customer Interface" (https://techcrunch.com/2015/03/03/in-the-age-of-disintermediation-the-battle-is-all-for-the-customer-interface/): "Em 2015, o Uber, a maior empresa de táxis do mundo, não possui veículos, o Facebook, o mais popular proprietário de mídia do mundo, não cria nenhum conteúdo, o Alibaba, o mais valioso revendedor não tem inventário e o Airbnb, o maior provedor de acomodações, não tem bens imóveis". (um argumento que, em si mesmo, 'viralizou', conforme notou o próprio Goodwin em https://twitter.com/tomfgoodwin/status/579263447977865216).

16 TIQQUN, *Isto não é um programa* (op. cit.), p. 61. Alguns dos membros do TIQQUN responderiam anos depois à mesma questão do seguinte modo: "Devemos começar, no entanto, da hipótese que eles nos produzem. Criar-nos como sujeitos políticos, como 'anarquistas', como 'Black Blocs', como radicais 'anti-sistema', para nos extrair da população genérica e nos atribuir uma identidade política". [The Invisible Committee, *To our friends* (Los Angeles, Semiotext(e), 2015), p. 163]. A tais diagnósticos deve-se somar que pessoas sem conta no Facebook podem ser dadas como irreais, como relatado em "If you aren't on Facebook, people won't believe you are real" (http://www.theverge.com/2016/7/21/12250046/meredith-mciver-fake-account-facebook-identity), ou a estarrecedora notícia segundo a qual pessoas que não possuam conta no Facebook podem passar a ser consideradas suspeitas de algum crime (numa lógica "você deve ter algo a esconder"), conforme "Facebook Abstainers Could Be Labeled Suspicious" (https://tech.slashdot.org/story/12/07/29/1627203/facebook-abstainers-could-be-labeled-suspicious).

pelo modo de funcionamento da forma meme. É possível dizer que já não há mais para onde retornar: o poder de ressignificação semântica dos memes é retroativo, é total e ilimitado. As antigas formas que possam ter parecido possíveis serão desgastadas e usadas dentro dessa nova dinâmica – e tornadas inócuas.

V

Mas como romper a dominação do meme, como se livrar dos seus grilhões totalitários? Curiosamente talvez já tenha sido possível entrever uma forma de fazê-lo lá nas "insurreições fracassadas". Não por nenhum de seus sucessos, mas justamente por seus fracassos, pela maneira como foram positivadas. Basta lembrarmos que quase todas foram (e são) acompanhadas de extensas e controvertidas avaliações sobre a suas supostas violências. "Sem violência!", por exemplo, foi um *slogan* comum nas manifestações de junho de 2013 no Brasil. Se referia em primeiro lugar à violência da polícia contra os manifestantes, mas, por extensão, também foi usada para aludir à suposta violência dos manifestantes contra o patrimônio material público ou privado (destruído ou vandalizado em muitas ocasiões das manifestações). O fato é que, diante de tal *slogan*, ambos, manifestantes e polícia ("violentos" ou não), apenas participavam de uma mesma dança *memética* cujo objetivo final era mantê-los em seus devidos lugares, desempenhando papéis previamente atribuídos a eles dentro da dinâmica de um espetáculo. Se a violência a que são submetidos os indivíduos é simbólica (*memética*), nada mais esperado que apenas saibam (ou queiram) revidá-la na mesma moeda; mas é justamente isso que se espera deles. Exatamente por isso as ações violentas fracassadas eram sempre reconhecíveis, isto é, usavam meros aparentes análogos das estratégias de espetáculo, e, consequentemente, eram facilmente *memetizáveis*. Porque se a violência *memética* da repressão produz resultados concretos, a violência *memética* contra ela só é capaz de produzir mais memes.

Assim, os Black Blocs não *quebram* bancos quando depredam suas fachadas; quebram nada mais do que uma espécie de *imagem espectral* do banco – ou melhor, produzem apenas frágeis representações dessa quebra, pois nem a imagem espectral dos bancos é realmente quebrada. O banco não *é* a fachada da agência, tampouco é a agência e nem o conjunto de todas as agências. Jogar pedras na imagem do rei nunca teria matado o rei: por mais que pudessem querer uma eficiência (ou até tenham feito isso), é evidente que os regicidas da Revolução Francesa poderiam ter destruído absolutamente todas as pinturas do rei da França e mesmo assim não teriam alcançado o objetivo de eliminar o rei. Uma possível reação analógica seria perguntar "mas quem é o rei agora?". Essa é uma armadilha, porque o equivalente atual do equívoco que seria jogar pedras na imagem do rei é produzir violência contra *coisas* – pois, por mais que o poder na sociedade capitalista esteja materialmente estruturado, ele estrutura imaterialidades. Em outras palavras: hoje é como se o próprio rei fosse *apenas imagem* (por mais que ele queira a todo o momento se passar por material). O problema então deixa de ser o rei e torna-se a pedra.

Uma pedra que pudesse produzir a violência capaz de afrontar o vasto vazio do espetáculo, que atacasse *inequivocamente* seus modos de existência. E o fizesse não em forma e não simbolicamente, ou seja, que agisse sem se valer de algum dos modos próprios dos poderes estabelecidos, dos modos que já foram cooptados, que já estão *dentro* dele – ou seja, sem seguir confiando que a forma é indissociável do conteúdo (uma deformação ou mau entendimento da modernidade) e, ao mesmo tempo sem confiar numa potência simbólica de ações que só operam na esfera da representação (e não irrompem na realidade) ou, pior, não realizam coisa alguma. Certamente não a violência dos Black Blocs dos anos 80,[17] não a violência da manifestação de rua, não a violência dos *slogans* políticos e nem mesmo a violência do chamado 'terrorismo global'[m] — todas já devidamente reificadas, tornadas imagem, espetacularizadas e inseridas em formas de fruição apaziguadas e cooptáveis, *memetizadas*. Mas como redefinir a violência, uma redefinição que pudesse acabar com o monopólio das formas de violência efetivas? E justamente aí, na eficiência, um ponto crucial: a redefinição não poderia buscar apenas superar a violência esperada ao criar uma nova forma, mais um inesperado qualquer que aja simplesmente

---

17 Não deixa de haver uma diferença entre o que os Black Blocs são (ou como são retratados) hoje e como eram (retratados) na década de 80. Segundo o TIQQUN: "Ao passo que os Black Bloc nunca passaram de uma técnica de manifestação inventada pelos Autônomos alemães nos anos 80 que depois foi aperfeiçoada pelos anarquistas americanos no início dos anos 90 - e uma técnica significa algo de reapropriável, de contaminante -, já há algum tempo o Império não tem medido esforços para transformá-lo em sujeito, para fazer dele uma entidade fechada, compacta, estrangeira". TIQQUN, *Isto não é um programa*, (op. cit.), p. 95.

por meio da inovação, da lógica da novidade tão cara
ao capitalismo, mas sim, antes de tudo, uma que fosse
eficaz. Uma que fosse capaz de romper o domínio e a
submissão estrutural (do meme), que não seja espeta-
cularizável e que atinja justamente a dominação onde
ela não se domina, o imperceptível na estrutura daquilo
que se faz passar por não-estruturado para tornar-se
imperceptível.

Se voltarmos então às fachadas das agências dos
bancos: para determinar como efetivamente *quebrar*
um banco, nos termos em que as coisas estão postas,
será que um funcionário do banco não está mais pre-
parado para *quebrar* o banco do que aquele radical
que pretende se abster da sociedade e desconhece por
completo o funcionamento do banco? Em outras palavras: estrategicamente – e de modo paradoxal –, não
é preciso *estar* no poder para destruí-lo? Configura-se
um problema de separação: os radicais, anti-sistema,
Black Blocs etc. não apenas cumprem justamente o
papel atribuído a eles pelos poderes estabelecidos como
também se destacam, literalmente se separam, o que
impossibilita sua participação em ações *meméticas*
projetadas que sejam realmente eficazes (eficazes dentro da dinâmica própria dos memes). Um bancário
solitário qualquer, digamos, um analista de sistemas
que todo dia bate o ponto biométrico vestindo camisa
social com crachá pendurado no peito, que tem acesso
a terminais com os sistemas internos do banco e pode
arruinar todos os registros digitais que conformam a
existência dessa instituição, se depara com chances
muito mais concretas de *quebrar* um banco durante

o expediente do que quaisquer milhões de Black Bloc mascarados cobertos das roupas pretas mais extravagantes marchando em seus coturnos com pedras nas mãos para atirar nas vidraças de um sem-número de agências. O bancário pode arruinar as únicas posses genuinamente valiosas do banco: posses que, não por acaso, sempre são dissimuladas como intangíveis e abstratas – no universo dos memes, o virtual é mais real do que o material. A saída então talvez deva ser tanto implosiva (de dentro) quanto violentamente *memética* (estratégica), porque, por mais que se queira, parece não haver mais como estar fora do poder para agir contra ele ou, de maneira simultaneamente óbvia e contraditória, é necessário reconhecer-se dentro para colocar-se fora, ou sair.

Notas

a Seguem, abaixo, referências sobre os eventos destacados no texto:

Líbia: Sobre os desdobramentos das revoluções na Líbia, ver, entre outros, "Libya's Arab spring: the revolution that ate its children" (https://www.theguardian.com/world/2015/feb/16/libyas-arab-spring-the-revolution-that-ate-its-children).

Egito: Sobre a evolução dos levantes egípcios, ver "State repression in Egypt worst in decades, says activist" (https://www.theguardian.com/world/2016/jan/24/state-repression-egypt-worst-weve-ever-seen-activist-hossam-bahgat), ou ainda "Egypt's image crisis has grown worse" (http://www.aljazeera.com/indepth/opinion/2016/05/egypt-image-crisis-grown-worse-160505111925721.html) e "Repression in Egypt Worse than Mubarak" (http://www.economist.com/news/middle-east-and-africa/21650160-abdel-fattah-al-sisi-has-restored-order-egypt-great-cost-worse).

Trump: Sobre o candidato republicano Donald Trump, ver por exemplo "Donald Trump's long history of racism, from the 1970s to 2016, explained" (http://www.vox.com/2016/7/25/12270880/donald-trump-racism-history) e "The top ten worst comments Donald Trump has made about LGBTQ people" (http://www.lgbtqnation.com/2016/02/the-top-ten-worst-comments-donald-trump-has-made-about-lgbtq-people/).

Hillary Clinton: Um conjunto de e-mails vazados no dia 23 de Julho mostra que a escolha de Clinton como candidata a presidência pelo partido Democrata (em detrimento do oponente Bernie Sanders) já havia sido decidida antes mesmo do início das primárias que deveria, 'democraticamente', escolhê-la; ver, por exemplo: "Leaked DNC Emails Confirm Democrats Rigged Primary, Reveal Extensive Media Collusion" (http://www.zerohedge.com/news/2016-07-23/leaked-dnc-emails-confirm-democrats-rigged-primary-reveal-extensive-media-collusion) e "New DNC email leak reveals anti-Sanders bias, pro-Clinton collusion among top officials" (https://www.rt.com/usa/352752-dnc-leaks-clinton-collusion/).

violência racista : A organização "Black Lives Matter" (http://blacklivesmatter.com/) documenta e luta contra a violência imposta aos negros nos EUA. O ataque no Clube Pulse ocorreu no dia 12 de Junho de 2016 e custou a vida de 49 pessoas, conforme "2016

Orlando nightclub shooting" (https://en.wikipedia.org/wiki/2016_Orlando_nightclub_shooting).

PP espanhol: Um segunda eleição legislativa ocorrida em Junho de 2016, na Espanha, devido à impossibilidade de formação de governo após a primeira (ocorrida em Dezembro de 2015) surpreendeu até mesmo os conservadores. Ver, por exemplo, "El PP se refuerza y el bloque de la izquierda se debilita" (http://politica.elpais.com/politica/2016/06/26/actualidad/1466944221_203179.html) ou comparar os dados disponíveis em https://es.wikipedia.org/wiki/Elecciones_generales_de_Espa%C3%B1a_de_2015 e https://es.wikipedia.org/wiki/Elecciones_generales_de_Espa%C3%B1a_de_2016.

Junho de 2013: Ver "Protestos no Brasil em 2013" (https://pt.wikipedia.org/wiki/Protestos_no_Brasil_em_2013).

manifestações de rua com expressiva participação: Ver "Protestos antigovernamentais no Brasil em 2015–2016" (https://pt.wikipedia.org/wiki/Protestos_antigovernamentais_no_Brasil_em_2015%E2%80%932016).

crise de imigração: A gigantesca onda de refugiados, provocada em grande medida pelas guerras e governos repressivos em países como Síria, Eritréia, Somália, Afeganistão e Iraque, pode ser apontada como resultado das políticas externas desastrosas dos próprios países europeus (que fomentaram e ajudaram a criar golpes, revoltas e guerras). Para uma dimensão das proporções da crise, ver, por exemplo, "How the Migrant Crisis Has Changed Europe, in 1 Map" e referências citadas ali (http://www.citylab.com/housing/2016/06/how-migrants-have-reconfigured-europe-in-1--map/487190/).

saída da UE: Sugeriu-se que o aumento significativo das buscas no Google sobre o que aconteceria se o Reino Unido saísse da União Européia seria um indício do desconhecimento das consequências do voto: "Google search spike suggests people don't know why they Brexited" (http://www.theverge.com/2016/6/24/12022880/google-search-spike-brexit-why-leave-eu), ver também "After Brexit Vote, Britain Asks Google: 'What Is The EU?'" (http://www.npr.org/sections/alltechconsidered/2016/06/24/480949383/britains--google-searches-for-what-is-the-eu-spike-after-brexit-vote).

b Entre tantos outros possíveis argumentos, o fato de ter vindo à tona a informação de que o MBL recebia dinheiro de entidades partidárias interessadas no *impeachment* demonstra sua corrupção, ver, por exemplo, "Movimento Brasil Livre (MBL), um engodo partidário" (http://cartamaior.com.br/?/Editoria/Politica/Movimento-Brasil-Livre-MBL-um-engodo-partidario/4/36209). Mais ainda, o engajamento das mídias tradicionais de modo a direcionar a opinião pública a favorecer o *impeachment* é indicial da origem das forças retrógradas que movem o processo. Ver, para ficar em apenas um exemplo, "Folha comete fraude jornalística com pesquisa manipulada visando alavancar Temer" (https://theintercept.com/2016/07/20/folha-comete-fraude-jornalistica-com-pesquisa-manipulada-visando-alavancar-temer/). Caso o decalque que é o MBL em relação ao MPL não seja uma obviedade, ver, por exemplo, "A marcha sobre Brasília" (https://www.diplomatique.org.br/print.php?tipo=ar&id=2065) e, principalmente, "Financiamento, remuneração e imagem: a estrutura dos grupos anti-Dilma" (http://www.bbc.com/portuguese/noticias/2015/03/150313_financiamento_protestos_rs).

c Para exemplos dos gritos, ver, entre outros vídeos da época, "Quem não pula quer tarifa!!!" (https://www.youtube.com/watch?v=wAR5E-ugeY0) e "Moradores fazem panelaço e buzinaço contra pronunciamento de Dilma" (http://oglobo.globo.com/brasil/moradores-fazem-panelaco-buzinaco-contra-pronunciamento-de-dilma-15539538).
Adendo de abril de 2019: em relação ao questionamento acerca da cooptação de práticas anti-sistêmicas pelos movimentos conservadores, vale a pena destacar que ele, em grande medida, assentava-se sobre uma percepção muito limitada e impressionista - mas que ainda constitui um consenso no campo da esquerda - acerca da emergência dos atores da nova direita no Brasil, circunscrita aos eventos imediatamente ligados à pulverização das pautas originais do Junho de 2013. Retrospectivamente, os dados e documentações apresentados por Camila Rocha, em *'Menos Marx, mais Mises' - Uma gênese da nova direita brasileira (2006-2018)*, tese de doutorado, orient. Prof. Dr. Adrian Lavalle (São Paulo, PPG-Ciência Política/FFLCH/USP, 2018), possibilitam uma percepção mais aguda e historicamente embasada do processo de formação da nova direita brasileira, que, no argumento da autora, remonta à adoção de práticas discursivas anti-sistêmicas por parte da direita ultraliberal a partir do *mensalão*, em 2006.

d Um bom ponto de partida para a discussão acerca da ditadura empresarial-militar brasileira é o livro organizado por Edson Teles e Vladimir Safatle, *O que resta da ditadura* (São Paulo, Boitempo, 2010). Sobre o passado recente e ditatorial do Brasil e suas singularidades culturais frente os modos de vida contemporâneos, ver "Geopolítica da cafetinagem", de Suely Rolnik (http://eipcp.net/transversal/1106/rolnik/pt), em especial a seção "Zumbis antropofágicos". Em relação à especificidade da mídia brasileira, ver, entre tantos outros exemplos, "Mídia, política e crise no Brasil" (http://observatoriodaimprensa.com.br/armazem-literario/midia-politica-e-crise-no-brasil/), especialmente à luz do debate sobre a 'regulação da mídia' (http://www.ebc.com.br/regulacaodamidia). Para a presença massiva de brasileiros nas mídias sociais, ver, por exemplo, (https://www.sprinklr.com/the-way/social-media-statistics-brazil/) ou, em português "Brasileiros lideram ranking de horas gastas em redes sociais, diz estudo" (http://www.techtudo.com.br/noticias/noticia/2014/07/brasileiros-lideram-ranking-de-horas-gastas-em-redes-sociais-diz-estudo.html).

e Já em 2011 uma pesquisa da McKinsey apontava a internet como o sexto maior setor que contribuiria para os PIBs de nações do G-8 somadas ao Brasil, China, Índia, Coréia do Sul e Suécia; setor que seria maior que o setor energético ou a agricultura. Ver "Internet matters: The Net's sweeping impact on growth, jobs, and prosperity" (http://www.mckinsey.com/industries/high-tech/our-insights/internet-matters) e os PDFs dos relatórios completos referenciados ali.

f Para a abertura de capital do Facebook, ver, por exemplo, "Facebook Prices Third-Largest IPO Ever, Valued At $104 Billion" (http://www.forbes.com/sites/tomiogeron/2012/05/17/facebook-prices-ipo-at-38-per-share/). Para o caso da Petrobrás, ver "Oferta da Petrobras soma R$ 120 bilhões, a maior da história" (http://economia.ig.com.br/mercados/oferta-da-petrobras-soma-r-120-bilhoes-a-maior-da-historia/n1237783246204.html).

g Do inglês, "couch activism". Em 2010 Malcom Gladwell fez uma apreciação relevante sobre o 'ativismo de sofá', disponível em "Small Change" (http://www.newyorker.com/magazine/2010/10/04/small-change-malcolm-gladwell).

h O próprio Dawkins tenta defender o meme como replicador a partir desta perspectiva da seleção natural: "É por imitação, em um sentido amplo, que os memes podem replicar-se. Mas, da mesma maneira como nem todos os genes que podem se replicar têm sucesso em fazê-lo, da mesma forma alguns memes são mais bem sucedidos no 'fundo' [pool] do que outros. Isto é análogo à seleção natural. Mencionei exemplos específicos de qualidades que determinam um alto valor de sobrevivência entre os memes. Mas, de um modo geral, elas têm que ser as iguais àquelas discutidas para os replicadores do Capítulo 2: longevidade, fecundidade e fidelidade de cópia. A longevidade de uma cópia qualquer de um meme é, talvez, relativamente pouco importante, assim como o é uma cópia qualquer de um gene. A cópia da melodia 'Auld Lang Syrie' que existe em meu cérebro durará apenas até o fim de minha vida. A cópia da mesma melodia impressa em volume do Livro de Canções do Estudante Escocês provavelmente não durará muito mais que isto. Mas espero que existirão cópias da mesma melodia impressas e nos cérebros das pessoas por muitos séculos. Como no caso dos genes, a fecundidade é muito mais importante do que a longevidade de cópias específicas. Se o meme for uma ideia científica, sua difusão dependerá de quão aceitável ela é para a população de cientistas; uma primeira estimativa de seu valor de sobrevivência poderia ser obtida contando o número de vezes que ela é citada em revistas científicas em anos subsequentes. Se for uma melodia popular, sua difusão pelo "fundo" [pool] de memes poderá ser avaliada pelo número de pessoas que a assobiam nas ruas. Se for uma moda de sapato feminino, o memeticista de população poderá usar estatísticas de vendas de lojas de sapatos. Alguns memes, como alguns genes, conseguem um sucesso brilhante a curto prazo ao espalharem-se rapidamente, mas não permanecem muito tempo no 'fundo' [pool]. As canções populares e os saltos finos são exemplos destes. Outros, tais como as leis religiosas judaicas, poderão continuar a se propagar durante milhares de anos, geralmente devido à grande durabilidade em potencial dos registros escritos. Isto me leva à terceira qualidade geral dos replicadores bem sucedidos: a fidelidade de cópia. Aqui devo admitir que estou inseguro. À primeira vista parece que os memes não são, de forma alguma, replicadores de alta fidelidade".

i Agradeço a Pedro França pela discussão que levou ao esclarecimento deste ponto.

j A pesquisadora de mídias sociais Danah Boyd chama o Facebook de "anomalia social", pois unifica a representação dos indivíduos num mesmo espaço social – ela argumenta que em nenhum momento da história um sujeito qualquer teve um "perfil social" único perante todos os grupos com os quais se relaciona. Ver "The era of Facebook is an anomaly" (www.theverge.com/2014/3/13/5488558/danah-boyd-interview-the--era-of-facebook-is-an-anomaly). O que também explica a estratégia econômica de "diversificação" do Facebook (a compra do Instagram e Whatsapp e a tentativa de compra do Snapchat).

k Ver, por exemplo, "Former Facebook Workers: We Routinely Suppressed Conservative News" http://gizmodo.com/former-facebook--workers-we-routinely-suppressed-conser-1775461006, e comparar com "How Facebook decides what's trending" http://www.recode.net/2015/8/21/11617880/how-facebook-decides-whats-trending).

l Um ótimo exemplo da famigerada incompreensibilidade do Snapchat é a chamada 'pontuação' de cada usuário: os pontos são atribuídos de maneira inescrutável, o que parece ser proposital (conforme, por exemplo, "Snapchat Score Explained (2016 Update)" http://www.snapptips.com/snapchat-score-2015/); outro exemplo seriam as constantes (e profundas) mudanças na interface do aplicativo do Snapchat. Em relação ao "para-que-serve", uma longa e informativa explicação para os possíveis usos do Snapchat pode ser encontrada em "My Little Sister Taught Me How To 'Snapchat Like The Teens'" (https://www.buzzfeed.com/benrosen/how-to-snapchat-like-the-teens). Para entender o sucesso do Snapchat talvez ainda seja necessário comparar com "Teenagers migrate from Facebook as parents send them friend requests" (https://www.theguardian.com/technology/2013/dec/27/facebook-dead-and-buried-to-teens-research-finds).

m Basta ver a maneira como foram espetacularizados - e até cooptados - os atentados ocorridos na França em 2016; entre outras coisas, é espantoso que tenham tido entre seus efeitos o aumento da popularidade do presidente François Hollande (ver por exemplo "Unpopular Hollande gets modest poll boost after Paris attacks", https://www.theguardian.com/world/2015/nov/22/unpopular-francois-hollande-modest-poll-boost-paris-attacks). Uma lição que talvez tenha sido aprendida com Margaret Thatcher durante a Guerra das Malvinas.

COMITÊ INVISÍVEL

Comitê Invisível – 2007 a 2019

1° *A Insurreição que vem, 2007*
2° *Esclarecimento, 2009*
3° *Aos nossos amigos e amigas, 2014*
4° *Agora, 2017*

DIANTE DE UM PODER CADA VEZ MAIS ABSURDO, NÃO DIREMOS MAIS NADA[1]

os 9 de tarnac

Os oito co-indiciados junto a Julien Coupat no "caso de Tarnac" decidiram não responder mais ao juiz até o fim do processo.

Eis que, passados quatro meses, a novela jurídico-midiática intitulada "caso de Tarnac" continua a não querer terminar. Julien Coupat sairá para o Natal? Para o Ano Novo? Terá ele mais chances na sexta-feira 13? Não, definitivamente o manterão ainda um pouco mais na prisão, confinado a seu novo papel de chefe de uma célula invisível. Pois parece que algumas pessoas têm ainda o interesse de perpetuar esse disfarce, e mesmo

---

1 N. da E.: Esta carta, de autoria de Mathieu Burnel, Julien Coupat, Bertrand Deveaux, Manon Glibert, Gabrielle Hallez, Elsa Hauck, Yildune Lévy, Benjamin Rosoux e Aria Thomas (os assim chamados "9 de Tarnac"), foi publicada originalmente na língua francesa no jornal *Le Monde* em março de 2009, e traduzida ao português em 2016 por Gian Spina para esta edição. O grupo foi preso junto a outras 11 pessoas, que foram rapidamente dispensadas, em 11 de novembro de 2008, na zona rural de Tarnac, França.

que para além do grotesco, teremos que mais uma vez
endossar o papel que nos foi imposto ("os 9 de Tarnac"),
para um necessário esclarecimento coletivo. Eis aqui.

PRIMO. Enquanto os jornalistas vasculhavam até mesmo nossas latas de lixo, os policiais, até o interior de
nossos retos. Algo bem desagradável. Há meses que
vocês abrem nossos correios, escutam nossos telefonemas, trancam nossos amigos, filmam nossas casas.
Vocês gozam de tais métodos.

Nós, os nove, nos submetemos, assim como tantos
outros. Atomizados por seus procedimentos, nove vezes
um, enquanto que vocês, vocês são toda uma administração, toda uma polícia e toda uma lógica de mundo.
No ponto onde nós estamos, os dados estão lançados,
o machado já foi erguido. Que não nos peçam também
para sermos bons perdedores.

DEUZIO. Evidentemente, vocês necessitam de "indivíduos", constituídos em "célula", pertencentes a um
"movimento" de uma fração do tabuleiro político. Vocês
necessitam disso, pois é a vossa última e única tomada de uma parte crescente do mundo, irredutível à
sociedade que vocês defendem. Vocês tem razão, algo
está acontecendo na França, mas com certeza não é
a renascença de uma "extrema-esquerda". Nós somos
apenas as figuras, apenas a cristalização um tanto
vulgar de um conflito que atravessa a nossa época. O
ponto midiático-policial dos afrontamentos sem perdão
que levam uma ordem que *colapsa* contra todos aqueles
que pretendem sobreviver a ela.

É evidente que, em vista do que acontece em Guadalupe, na Martinica, nas periferias e nas universidades, com os vinicultores, os pescadores, os trabalhadores ferroviários e os imigrantes ilegais, serão necessários, para vocês, mais juízes que professores, a fim de conter tudo isso. Vocês não entendem nada. E não contem com os cães de guarda das centrais de inteligência para explicarem a vocês.

TERTIO. Constatamos que há mais prazer em nossas amizades e "associações criminosas" do que em seus escritórios e tribunais.

QUARTO. Se parece óbvio para vocês que a seriedade de seu trabalho os leva a questionar nossos pensamentos políticos e amizades, no que se refere a nós, não sentiremos nenhuma obrigação de falar sobre isso com vocês. Nenhuma vida jamais será absolutamente transparente aos olhos do Estado e de sua justiça. Lá onde vocês quiseram enxergar mais claro, parecem ter propagado a opacidade. Além disso, nos contaram que, daqui em diante, para não submeter aos seus olhares, são cada vez mais numerosos aqueles que vão às manifestações sem telefone celular, que encriptam os textos que escrevem, que fazem desvios habilidosos ao voltar para casa. Como dizemos: não é tão mal assim.

QUINTO. Desde o começo deste "caso", vocês pareciam querer dar muita importância ao testemunho de um mitomaníaco, também conhecido como "anônimo". Vocês persistem, é corajoso, em concordar algumas vezes com essas coleções de mentiras, a essa prática que fez, por algumas décadas, a honra da França – a delação. Seria quase tocante, se isso não fosse a condição para a imputação de Julien como "chefe" e, portanto, para sua permanência na prisão. Seria tocante, se esse tipo de "testemunha" não justificasse as detenções arbitrárias, como a de Villiers-le-Bel após os tumultos.

Enfim, compreendemos que a margem de liberdade que nos resta daqui em diante está fortemente reduzida. Que o único ponto a partir do qual nós podemos nos subtrair da sua empreitada reside nos longos interrogatórios aos quais, com intervalos regulares, somos submetidos. Que quatro pedidos de liberação já foram recusados a Julien. Que ele é nosso amigo. Que ele é nada mais do que aquilo que nós mesmos somos. Nós decidimos que a partir de hoje, na heróica tradição de um Bartleby, "*vamos preferir não*". De modo geral, nós não diremos mais nada até que vocês o liberem, até que vocês abandonem, para ele, a qualificação de chefe, e para nós todos, a de terroristas. Resumindo, até que vocês abandonem os processos.

Por todos aqueles que, onde quer que estejam, lutam e não se conformam. Por todos aqueles que não se deixam asfixiar pelo ressentimento e que fazem da alegria uma questão de ofensiva. Por nossos amigos, por nossas crianças, nossos irmãos e irmãs, os comitês de apoio. Sem medo, sem pena de nós mesmos. Sem heróis, sem mártires. É precisamente por este caso nunca ter sido legalmente jurídico que devemos conduzir esse conflito ao terreno político. O que a multiplicação de ataques de um poder cada vez mais absurdo exige de nossa parte é apenas a generalização de práticas coletivas de autodefesa, por todos os lados, onde ela se tornar necessária.

Não há nove pessoas a salvar, mas uma ordem a cair.

Aria, Benjamin, Bertrand, Elsa, Gabrielle, Manon, Matthieu, Yldunesont, com Julien Coupat, indiciados no "caso de Tarnac".

ENTRE OS 'BANLIEUES' E A UNIVERSIDADE[1]
duarte ferrín

Em 2007 veio à luz o livro *L'insurrection qui vient* [*A Insurreição que vem*], assinado pelo grupo anônimo Comitê Invisível. Certo *marketing* de esquerda desejou recebê-lo como o "Manifesto Comunista do século XXI", mas por trás da espetacularização há algo a mais do que a última moda do radicalismo francês de campesinato.

Pequenos distritos e aldeias da França rural, zona majoritariamente conservadora, começam a comportar-se politicamente como um bairro proletário: Sarkozy alcança apenas 25% dos votos, o *Noveau*

1a N. da E.: Este texto foi publicado originalmente no jornal galego Novas da Galiza em outubro de 2010, dentro do qual, o jornalista Duarte Ferrín contribui com a seção "Treta a Terra".
1b N. da T.: *Banlieues*, em francês, são os subúrbios, periferias e aglomerados "marginais" das grandes cidades francesas. Como o correspondente brasileiro, "periferia", abarcaria apenas parcialmente o significado do termo no contexto sócio-urbano francês, optou-se por manter a palavra em sua língua original e dela partir para empreender as correlações contextuais com o Brasil, pois julgamos que a tradução do termo achataria a complexidade da realidade social brasileira.

Parti Anticapitaliste [Novo Partido Anticapitalista] e a *Front de Gauche* [Frente de Esquerda] arrasam nas intenções de voto.[2] A razão disso tem causa na mudança demográfica do país. Em 2003, havia perto de um milhão de jovens, entre 25 e 34 anos, que se voltaram ao campo, a vilas e aldeias de menos de 5.000 habitantes, estabelecidas longe dos grandes eixos de comunicação. O perfil desses jovens: universitários hiper-qualificados, destinados a desfrutar das regalias acadêmicas da *Rive Gauche* [a margem esquerda do rio Sena, onde se localiza a Sorbonne], militantes anticapitalistas desencantados com a política. Assim aparecem aldeias, das quais Tarnac é só o exemplo mais midiatizado, em que jovens prestam serviços sociais aos idosos do lugar, recuperam-no para habitá-lo com a memória da resistência, criam escolas populares etc.

Em outro extremo sociológico desta mudança estão os *banlieues*, os arredores afastados, zonas como Villiers-le-Bel e Bagnolet, onde, no outono de 2005 se iniciou uma revolta que nem a esquerda e nem a direita foram ainda capazes de compreender. Uma violência despolitizada aos olhos dos políticos profissionais, cuja poesia, sem palavras de ordem nem imaginação ao

---

2 N. da E.: **Novo Partido Anticapitalista:** partido político fundado em 2009, após o processo de criação da *Ligue Communiste Révolutionnaire* [Liga Comunista Revolucionária], que teve sua origem ao fim das eleições presidências francesas em 2007. A **Frente de Esquerda**, inicialmente conhecida como "Frente de Esquerda para mudar a Europa", é uma coligação de diferentes partidos políticos franceses, formada pelo Partido Comunista Francês (PCF), pelo Partido de Esquerda (PG) e pela Esquerda Unida (GU) durante as eleições de 2009. A coligação se deu no desejo de unir forças anti-liberais, e se caracteriza pela diversidade de tendências da esquerda comunista francesas reunidas em torno de um programa: socialista, ambientalista, republicana, radical e extremo.

poder, nenhuma intelectualidade sessenta-e-oitista se atreveu a apropriar. A luz midiática apagou-se conforme passou a urgência eleitoreira, mas as revoltas continuaram: em maio de 2009, em Courneuve (Seine Saint-Denis, na periferia da capital), um carro policial transferindo um preso foi objeto de uma emboscada, metralhado por *kalashnikovs* [AK-47]. Um pouco antes, no dia 14 de março, outro grupo de policiais foi atacado numa batalha urbana, pacificada somente após a intervenção de mais de 300 policiais apoiados por forças aéreas. Esses são dois meros exemplos.

O CASO DOS "9 DE TARNAC"

Entre estes dois fenômenos, o Ministério do Interior francês insiste em ver vinculações, que os primeiros (Comitê Invisível) não negam, pelo menos no plano teórico. O dia 11 de novembro de 2008 marca a involuntária saída a luz de um movimento que se autoproclama subterrâneo, e com isso a insistente tentativa de redução midiática do mesmo aos velhos esquemas da "célula" e do "líder". Nove jovens "neo-rurais" foram detidos na aldeia de Tarnac, na região occitana de Lemosin, após uma sabotagem ao abastecimento eléctrico do TGV.[3] Entre seus pertences estava um exemplar de *A insurreição que vem* e a um

---

3 N. da E.: **Occitano:** conjunto de línguas e dialetos falados no sul da França. **TGV:** Na França, a sigla refere-se a trens de alta velocidade, impulsionados por motores elétricos, que circulam a velocidade média de 320 km/h. Em 2007, um desses trens chegou a 574,8 km/h batendo recorde mundial sobre trilhos. Em 2011 alcançou a rede de 2.037 km por todo o país.

deles, Julien Coupat, a polícia atribuiu a autoria. A construção midiática da ameaça "terrorista" foi imediata, assim como as condenações da esquerda: do trotskista Olivier Besencenot a Christian Mahieux, dirigente do SUD-Rail [sindicato francês vinculado a União Sindical Solidariedade]. Mas, em pouco tempo, o jornal *Le Monde* liderou uma estratégia que se mostrou mais efetiva que outras: reduzir o ato subversivo à fagocitação. Nas suas páginas publicou o manifesto cidadanista *Não à nova ordem*, assinado pelos filósofos da chamada esquerda radical: Zizek, Agamben, Badiou, Rancière etc. Gente como Alain Brossat saiu rapidamente denunciando a manobra pacificadora destes intelectuais, tentando

> "transformar 'A insurreição que vem' em fantasia cultural, em inofensivo exercício de Kulturkritik (...) uma imagem que se caracteriza por volatilizar a dimensão política do que está em jogo".

O manifesto dos intelectuais visava demonstrar uma "inocência" a qual os presos renegavam: se no estado policial colocar em prática as ideias revolucionárias acarreta o risco de cadeia, eles dizem serem culpados. Milhares de comitês de apoio surgiram por todo os lados, enquanto "os 9 de Tarnac" publicavam uma carta em que sublinhavam que "não há nove pessoas a salvar, mas uma ordem a cair", incitando à "a generalização de práticas coletivas de autodefesa [...] onde ela se tornar necessária".

A INSURREIÇÃO QUE VEM

Na realidade, o fenómeno tem tudo para ser o último modelo da esquerda radical francesa ou pelo menos ser percebido como tal: um estilo de escrita tipicamente barroco, gosto pela dificuldade filosófica e até a origem social dos seus indesejados protagonistas: o que Bourdieu chamava *les héritiers* [os herdeiros], filhos e filhas da elite universitária parisiense, jovens politizados nas lutas estudantis contra o Contrato do Primeiro Emprego e na ocupação da Sorbonne. O próprio Coupat era um doutorando na EHESS [Escola de Altos Estudos em Ciências Sociais], a instituição mais prestigiada da Europa em ciências sociais.

Porém, para além destes preconceitos do "pecado original" de classe, aparece o que já é qualificado como o pensamento revolucionário mais fresco dos nossos tempos, com a intenção explícita de fugir da "esquerda" e dos seus mitos. A trajetória deste grupo anônimo começa com a revista Tiqqun, apadrinhada por Giorgio Agamben, e continua com a publicação, sob a rubrica de Comitê Invisível, de *A insurreição que vem* para diluir-se atualmente no anonimato total, que faz parte da sua filosofia: renegam o ego e a condição de autor, mas também a sua prática; trata-se de *"transformar o anonimato em posição ofensiva"*.

Nas suas ideias, obteve grande impacto a Primavera Negra de 2001 na Cabília (Argélia): uma revolta não retransmitida na Europa. A chamada "Insurreição Argelina" caracterizou-se por uma ruptura com as formas clássicas de política, um retorno às organizações assembleísticas tradicionais, a destruição de tudo aquilo que pudesse simbolizar o Estado e, sobretudo, a constante vigilância e luta contra qualquer forma de representação política que pudesse tentar falar em nome da insurreição e instrumentalizá-la. Diferentes dos teóricos do "Grande Hotel Abismo" referidos por Lukács [a assim chamada "Escola de Frankfurt"], os jovens franceses assumem a destruição social atual como um dado objetivo do qual se deve partir: *"nada parece menos provável que uma insurreição, mas nada é mais necessário"*. Atacam com descaramento os valores tradicionais do esquerdismo: receitam a abolição das assembleias gerais, na qual *"somos vítimas do mau exemplo dos parlamentos burgueses"*, criticam o ativismo frenético e o folclore contestatório: *"Aqueles que pretendem responder à urgência da situação pela urgência da sua reação não fazem mais do que aumentar o sufoco"*. Rejeitam a profusão do "liberalismo existencial" que se espalha nas redes militantes. Pregam desertar dos *"tristes rituais da política clássica – a assembleia, a reunião, a negociação, a contestação, a reivindicação"* e falam de comunismo como algo antagônico aos partidos comunistas, chamando a *"organizar-se materialmente para subsistir, organizar-se materialmente para atacar"*. Eis a proposta prática, o entrelaçamento de solidariedades na luta (*"Deixou de existir outra amizade, para nós, que não seja política"* que se salvem do que chamam "deserto", a eliminação da distinção entre vida privada e vida pública, a forma de vida como resistência).

NÃO À NOVA ORDEM[1]
manifesto coletivo

Uma operação recente, amplamente divulgada pela imprensa, indiciou e aprisionou nove pessoas, colocando em prática a legislação antiterrorista. Tal operação mudou rapidamente de natureza, uma vez que a inconsistência da acusação tomou um caráter claramente político. Para o procurador da República "o objetivo do grupo é chegar às instituições de estado, e atingi-las pela violência – eu disse pela violência e não pelas contestações permitidas – dificultar a ordem política, econômica e social "

O alvo desta investigação é bem mais amplo do que o grupo de pessoas acusadas, contra as quais não existe nenhuma prova concreta, tampouco algo preciso de que se possa acusá-los. A acusação por "associação

---

[1] N. da E.: Este texto foi originalmente publicado na língua francesa em novembro de 2008, após correr uma petição virtual em apelo à defesa dos acusados no "caso dos 9 de Tarnac", e traduzido da língua inglesa por Gian Spina, a fim de integrar esta edição. Mais de 100 trabalhadores e intelectuais de diferentes localidades do mundo assinaram, fazendo-o configurar como um manifesto contra a assim chamada Nova Ordem Mundial.

de criminosos visando uma organização terrorista" é mais do que vaga: o que é exatamente uma associação, e como devemos entender esse "visando" senão como a criminalização da intenção? Quanto à qualificação de terrorista, a definição em vigor é tão vaga que pode ser aplicada a praticamente qualquer coisa – e a posse deste ou daquele texto, ir a esta ou aquela manifestação é o suficiente para cair sob esta legislação de exceção. As pessoas acusadas não foram escolhidas aleatoriamente, mas sim por levarem uma existência política. Participando de manifestações – recentemente a de Vichy onde foi realizada a desonrosa cúpula europeia sobre imigração. Eles refletem, leem livros, vivem juntos em um vilarejo afastado. Falou-se de clandestinidade: eles abriram uma mercearia, todas as pessoas da região os conhecem, e um comitê de apoio foi organizado após sua detenção. O que eles buscavam não era o anonimato, tampouco o refúgio, mas justamente o contrário: uma outra relação que a do anonimato da metrópole. Finalmente, a própria ausência de prova transforma-se em prova: a recusa dos acusados em se denunciarem, uns contra os outros, durante a prisão preventiva foi apresentada como um novo indício de suas motivações terroristas.

Na realidade, para todos nós este caso é um teste. Até quando nós iremos aceitar o antiterrorismo indiciar a qualquer momento qualquer pessoa? Onde se situa o limite da liberdade de expressão? São compatíveis com a democracia tais leis de exceção adotadas com pretextos como os da segurança e do antiterrorismo? Estamos nós prontos para ver a polícia e a justiça negociar mudanças em direção a uma nova ordem? Cabe a nós as respostas a tais questões, primeiramente solicitando o fim das buscas e a liberação imediata daqueles que foram indiciados como exemplo.[2]

---

2 **Assinantes da petição:** Giorgio Agamben, filósofo; Alain Badiou, filósofo; Jean-Christophe Bailly, escritor; Anne-Sophie Barthez, professor de direito; Miguel Benasayag, escritor; Daniel Bensaïd, filósofo; Luc Boltanski, sociólogo; Judith Butler, filósofa; Pascale Casanova, crítica literária; François Cusset, filósofo; Christine Delphy, socióloga; Isabelle Garo, filósofa; François Gèze, editor da La Découverte; Jean-Marie Gleize, professor de literatura; Eric Hazan, editor da La Fabrique; Rémy Hernu, professor de direito; Hugues Jallon, editor da La Découverte; Stathis Kouvelakis, filósofa; Nicolas Klotz, diretor; Frédéric Lordon, economista; Jean-Luc Nancy, filósofo; Bernard Noël, poeta; Dominique Noguez, escritor; Yves Pagès, editor da Verticales; Karine Parrot, professora de direito; Jacques Rancière, filósofo; Jean-Jacques Rosat, filósofo; Carlo Santulli, professor de direito; Rémy Toulouse, editor da Les Prairies Ordinaires; Enzo Traverso, historiador; Jérôme Vidal, editor da Amsterdam; Slavoj Zizek, filósofo; Frederic Neyrat, filósofo; Anne Steiner, socióloga; Said Bouamama, sociólogo; Corinne Maier, autora; Arnaud Viviant, jornalista; Laurent Jeanpierre, autor; Serge Quadruppani, escritor e tradutor; Alberto Toscano, sociólogo; Jean-Pierre Bouyxou, escritor e cineasta; Noël Godin, escritor; Isabelle Meyrat, mestre em conferência de direito; Jean-Christophe Angaut, mestre em conferência de filosofia; Emmanuel Barot, mestre em conferência de filosofia; Jacques Grangé, mestre de conferências; Serge Utgé-Royo, compositor e intérprete; Emmanuel Burdeau, redator e editor chefe da Cahiers du Cinéma; Jeanne Favret-Saada, diretor de estudos; Olivier Le Cour Grandmaison, historiador; Jeanne Marie Gagnebin, professora universitária; Marcos Lutz Müller, professor universitário; David Joselit, professor universitário de história da arte; Miguel Chueca, mestre de conferências; François Chesnais, professor universitário; Noura Wedell, professora pesquisadora, escritora e tradutora; Laurent Chaumette, ex-professora e ex-jornalista profissional; Florence Bonnefous, galerista; Coulon Frédéric, agente da SNCF (Agência Nacional de Ferrovias Francesas); Jérôme-Alexandre Nielsberg, jornalista; Maia Chauvier, comediante; Marina Grzinic, filósofa e artista; Stas Kleindienst, artista e teórico; Sebastjan Leban, artista e teórico; Tanja Passoni, tradutor e pesquisador cultural; Jérôme Benzimra-Hazan, engenheiro de pesquisas em direitos humanos; Thomas Bidegain, roteirista; Laurent Gardin, mestre de conferências em sociologia; Hugues Hellio, mestre de conferências em direito; Yves Nouvel, professor universitário de direito; Karine Parrot, professor de direito; Carlo Santulli, professor de direito; Louise Deschamps, redatora e editora da Modem Design; Catherine Levy, socióloga; Nicolas Zurstrassen (anti-)filósofo; Eric Tarrade, escritor; François Tronche, biologiste, diretor de pesquisas; Julien Barnier, engenheiro no CNRS (Centro Nacional de Pesquisas Científicas Francês); Yves Coleman, tradutor; Dr Stéphane Ossona de Mendez, médico geral; Thierry Foehrenbacher, engenheiro no CNRS; Jean-Pierre Bizon, marinheiro; Hélène Mathon, diretor de estágio; Vincent Mascot,

pastor; Jean-Luc Paul, antropólogo; Jorge Lopez, arquiteto; Hervé Le Corre enseignant, escritor; Dominique Gerin, curadora de biblioteca; José Luis Moragues, mestre de conferências; Marcelo Raffin; Dalila Bovetn, mestre de conferências em etnologia; Tetsu Lo-Shigemitsu, cirurgião; Ismaël Jude, dramaturgo; Christine Lévy, mestre de conferências; Peter Hallward; Benoît Petit, diretor e roteirista de desenhos animados; Duvert Pierre, fotógrafo; Nicolas Lambert, comediante; Alain Oriot, editor; Nicolas Bouyssi, escritor; Niklas Svennung, galerista; Déborah Cohen, mestre de conferências em história; Jérôme Ollier, coordenador do CADTM (Comitê para Abolição da Dívida Ilegítima); Hervé Ollitraut-Bernard, jornalista; Arnault Skornicki; Mahla Chahal, socióloga; Yves Citton, professor de literatura; Bernard Marcadé, crítico de arte; Alain Guénoche, membro da Editions Agone; Marie-Laure Bernadac, curadora de arte contemporânea; Jean-Yves Barrère, economista; Michèle Sibony, professora; François Bodinaux, conselheiro de comunicação; Shigenobu Gonzalvez, diretora; Laure Mistral, autora, tradutora e editora; Keith Dixon, professora universitária; Bernard Langlois, jornalista; Emmanuel Taub; Mai-Thu Perret, artista; Samuel Autexier, editor; Fanny Howe, escritora; Thomas Kilpper, artista; Bettina Funcke, escritora e editora; Jonathan Scot Anderson; Julia Ann Turner, estudante; Gabriel Parnet, mestre de conferências; Selim Karlitekin, estudante; Renata Petropoulos, professora; Yann Moulier-Boutang, economista; Sylvie Van Hiel, revisora e corretora; Willy Proust, fotografo; Jean-Louis Leutrat, professor universitário; Jean Louis Brette, assistente administrativo; Milou Brette, psicóloga; Hélène Retailleau, assistente de galeria; Chris Kraus, escritor; Denise Bally; Nathalie Ruffié, recepcionista de hotel; Jean Stern, jornalista e editor de "De l'aute côté"; Michel Koebel, mestre de conferências; Zoughlami Siryne, professor de filosofia; Patrice Allain, mestre de conferências; Peter Pál Pelbart, filósofo; Lionel Soukaz, cineasta; Muriel Colin-Barrand, gerenciador de console; Valéry Pratt, professor de filosofia; Maurizio Lazzarato, filósofo e sociólogo; Niki Chabert, professor de filosofia; Jérôme Ceccaldi, professor; Sylvie Tissot, socióloga; Olivier Neveux, mestre de conferências; Hedi El Kholti, coeditor da Semiotexte; Georges Hugot, mestre de conferências em geografia; Valérie Aucouturier; David Faroult, mestre de conferências; Igor Krtolica, doutor professor de filosofia; Jérôme Gleizes, professor; Bruno Ambroise, pesquisador na CNRS; Stéphanie Moisdon, crítico de arte curador; Maud Matern, requerente de emprego; Catherine Chevalier, crítica de arte; Ariel Kenig, escritor; Eric Beynel, secretário nacional da USS (União Sindical Solidariedade); Annick Coupé, secretário nacional da USS; Jean-Louis Galmiche, secretário nacional da USS; Pierre Khalfa, secretário nacional da USS; Catherine Lebrun, secretária nacional da USS; Thierry Lescant, secretário nacional da USS Christian Mahieux, secretário nacional da USS; Jean-Michel Nathanson, secretário nacional da USS; Patrice Perret, secretário nacional da USS; Alejandra Riera.

A TERRA, A GUERRA, A INSURREIÇÃO[1]
peter pál pelbart

Em seu mais recente livro sobre o fim do mundo, Eduardo Viveiros de Castro e Déborah Danowski defendem uma ecologia política do ralentamento, da hesitação, da atenção. Contra o aceleracionismo, o ralentamento cosmopolítico, uma frenagem, uma suspensão. No filme *Melancolia* (Lars Von Trier, 2011), os poucos que percebem o que vem vindo se refugiam numa cabana feita de galhos, que não os protegerá do evento irreversível, da colisão com um astro vindo do espaço, mas através de um ritual, fará do choque um acontecimento, no sentido forte da palavra. Dizem eles: *"a cabana é a única coisa, naquele momento, capaz de transformar o efeito inescapável do choque em um acontecimento, no sentido que Deleuze-Guattari emprestam a esse conceito: 'a parte,*

---

[1] N. da E.: Durante o primeiro encontro do *Cidadãos, voltem pra casa!*, o filósofo húngaro naturalizado brasileiro Peter Pál Pelbart apresentou o presente texto, originalmente publicado, na revista ECOpós, v. 18, n. 2, em 2015, vinculada ao programa de Pós-graduação em Comunicação e Cultura da Escola de Comunicação da Universidade Federal do Rio de Janeiro.

em tudo que acontece, do que escapa à sua própria atualização'''. Ali, naquela cabana quase puramente virtual, o que se passa, o passe, é uma operação de desaceleração, de ralentamento... Sim, há o traço de um ritual, de um devir-índio nessa reação. Mas como eles dizem: os povos autóctones do continente americano – os coletivos de humanos e não humanos cuja história remonta a milênios antes do choque com o planeta Mercadoria – são somente uma pequena parte da Resistência Terrana contemporânea, esse amplo movimento clandestino que apenas começa a se tornar visível no planeta invadido pelos Modernos: na África, na Oceania, na Mongólia, nos becos e porões da Fortaleza Europa. Eles não estão realmente em posição de liderar nenhum combate final, nenhuma Armagedon cosmopolítica: e seria ridículo imaginá-los como a semente de uma nova Maioria. Não imaginemos, sobretudo, que eles, se pudessem, correriam a nos salvar – a redimir ou justificar – aos Humanos que os perseguem implacavelmente há cinco séculos... Uma coisa é certa: os coletivos ameríndios, com suas populações comparativamente modestas, suas tecnologias relativamente simples mas abertas a agenciamentos sincréticos de alta intensidade, são uma "figuração do futuro", não uma sobrevivência do passado. Mestres da bricolagem tecnoprimitivista e da metamorfose político metafísica, eles são uma das chances possíveis, em verdade, da subsistência do futuro. Falar no fim do mundo é falar na necessidade de imaginar, menos um novo mundo em lugar deste nosso mundo presente, do que um novo povo: o povo que falta. *"Um povo que creia no mundo que ele deverá criar com o que de mundo nós deixamos a ele"*.[2]

Num momento em que Gaia faz irrupção em pleno Antropoceno, isto é, numa época em que a Terra e seus actantes, humanos e não-humanos, redes, coletivos, povos, perspectivas, animismos, como que se insurgem contra a dominação universal do homem, com seu progresso e racionalidade, narcisismo, capitalismo e destruição, os autores retomam a ideia de Bruno Latour sobre a guerra dos mundos: por um lado, o povo de Gaia, isto é, os Terranos, por outro, os ditos Modernos, aqueles que negaram a Terra, isto é, os Humanos, nós, ocidentais, americanos, chineses, brasileiros, indianos. E na conclusão, os autores insistem que é tempo de fazer os humanos reconhecerem que eles não são responsáveis pelos Terranos, mas são responsáveis diante deles. *"Não há negociação possível sem essa admissão, não haverá a composição incontornável com Gaia se não nos convencermos primeiro de que não há composição possível com a lógica absolutamente não civilizável do capitalismo"*.

DRONES

Se há um livro que expõe da maneira a mais crua e cáustica quão longe fomos nessa não-civilização, é *Théorie du Drone*, que segue em detalhe a modificação produzida em nossa concepção da guerra, e por conseguinte, na

---

[2] Debora Danowski e Eduardo Viveiros de Castro, *Há mundo por vir? Ensaio sobre os medos e os fins* (Florianópolis, Desterro, 2014), p. 159.

relação entre a tecnologia e a vida, o combate e a morte, a existência e o desaparecimento. Trata-se da guerra assimétrica, feita à distância de milhares de quilômetros, onde um soldado sentado diante de uma tela no Alabama, numa confortável sala com ar condicionado, está protegido de qualquer risco, contrariamente aos seus alvos localizados no Afeganistão, Iêmen, Somália, Paquistão. Não são pilotos de avião, mas operadores de drone, de *joysticks*. A doutrina do presidente Obama está inteiramente embutida nessa nova tecnologia: matar, não capturar. Não a tortura, como em Guantánamo, mas o assassinato seletivo. Nessa guerra ao terror, toda relação de reciprocidade foi eliminada, e com ela todo o risco que sempre caracterizou qualquer guerra (de morrer, de ser capturado, de ser atingido pelo inimigo). A nova violência é absolutamente unilateral – nasce aí um novo ethos militar, uma necro-ética, explica Grégoire Chamayou. Os territórios ocupados pelo exército israelense teriam constituído ao longo das longas décadas de domínio militar o lugar de experimentação para os assassinatos seletivos e, mais amplamente, como o definiu Eyal Weizman, *"o maior laboratório do mundo para as 'tanatotáticas aeroportadas'"*. Essa guerra, contrariamente à doutrina de Clausewitz, não é mais pensada em termos de duelo – dois adversários em luta – mas da caça: um predador e uma presa que foge ou se esconde. É a caça ao homem que implica numa lógica outra, da vigilância incessante (o drone pode ficar no ar 24 horas por dia), da totalização das perspectivas (pode-se ver tudo), do arquivamento total tanto visual como sonoro (podem interceptar todas as comunicações), que no conjunto permitem uma cartografia completa das formas de vida em jogo. A nova doutrina visa menos seguir indivíduos já repertoriados do que assistir à emergência de novos riscos, anônimos, gestos que desviam subitamente das formas de associação habituais. Tudo graças aos *eyeborgs*, câmeras que se destacam das paredes e ganham asas e armas: o drone. E seu efeito, ao sobrevoar uma região, é literalmente terrorífico, constante, incessante, total, deixando uma população inteira à mercê do imponderável que vem do céu, e é acionado a uma distância de milhares de quilômetros, por um visor que facilmente confunde uma dança e um treino militar, uma criança ou um animal, e ao estabelecer a "zona autônoma temporária" para execuções extrajudiciais, no limite a estende ao globo como um todo. É a caça ao terrorista globalizado. Se outrora a contra-insurreição precisava da simpatia da população, o contraterrorismo dispensa a dimensão política, e se resume ao plano policial-securitário. Guerra infinita, guerra sem baixas (do lado dos que possuem a tecnologia), mas também guerra sem vitória, guerra perpétua, guerra sem sacrifício, guerra da autopreservação absoluta. O efeito bumerangue de uma tal mutação é imprevisível. Como o formulou o diretor de saúde mental de Gaza, com certa ilusão de reciprocidade: *"Como você pode acreditar em sua humanidade se você não acredita na humanidade do inimigo?"*.

A ética do guerreiro formulada ainda por Clausewitz, e que dava ao ato de matar uma dignidade, já que com ela arriscava-se a própria vida, cede lugar a uma outra ética inteiramente distinta, evacuada de todo e qualquer heroísmo – é a guerra pós-heróica, a mentalidade Play Station, a imunidade absoluta do combatente, que dificulta qualquer reflexão sobre a violência cometida. Só matar se se tem certeza de que não se vai morrer, num ato que descriminaliza o assassinato.

Ora, se a aversão pela morte é tamanha, não se deve isso ao alto valor atribuído à vida, mas ao contrário, a um conceito muito empobrecido da vida, ali onde preservar a vida física supera todo e qualquer critério. Trata-se, diz o autor, de uma concepção zoopolítica da soberania, onde a relação de propriedade cruza a da criação de animais. Garantir a sobrevida, evitar a exposição das vidas. Se antes tal exposição ao risco deixava o soberano, parcialmente, nas mãos da população exposta, que podia cobrar-lhe uma contrapartida, de eficácia ou proteção, essa margem foi abolida. A crítica eventual (se estou exposto em minha vida, tenho direito de submeter sua política a meu juízo) é desativada inteiramente.

Eis, pois, uma nova subjetividade. É uma guerra sem sujeito, onde a tecnologia substitui a teleologia, ou onde os mecanismos todos em operação escamoteiam a presença do sujeito. É preciso organizar o desapego subjetivo, onde as ordens se convertem em programas, numa espécie de servidão maquínica, como diria Guattari. Assim, a localização do poder se esfumaça ainda mais. Onde está ele? A quem pertence? Quem o organiza? Velhas questões, diante do pós-humanismo roboético.[3] É, igualmente, a fábrica da irresponsabilidade. Se no

---

3 Grégoire Chamayou, *Théorie du drone* (Paris, La Fabrique, 2014), p. 291.

início do processo havia um radical antropocentrismo, no final é a evacuação do sujeito e de toda intencionalidade, diagnostica o autor.

INSURREIÇÃO

Um grupo político que há tempos se descabela para situar-se no presente contexto, e que leva o nome de Comitê Invisível, publicou há pouco um livro intitulado *A nos amis* [Aos nossos/as amigos/as], onde trata de destrinchar as insurreições dos últimos anos, bem como algumas razões para seu fracasso, as lições a serem delas extraídas, e consignas a respeito das lutas por vir. Seguem abaixo algumas dessas "lições", sucintamente formuladas. Seu valor é irregular, e embora não estejamos de acordo com todas elas, é inegável que nos ajudam a mapear algumas questões com as quais nos debatemos hoje.

1 - Apesar da força das insurgências, dos seus efeitos e sua novidade, não há um novo "sujeito revolucionário". Não é o povo que faz a sublevação, mas é a sublevação que constitui um povo, seu povo.[4] Esse seria um dos sentidos possíveis para a frase de Deleuze, "o povo falta". Sim, falta o povo, ao mesmo tempo em que ele se constitui nos embates diversos.
2 - As lutas não se dão tanto em torno da natureza das instituições, mas da forma desejável de vida. Talvez a força dos islamistas esteja no sistema de prescrições éticas que eles oferecem, como se eles

---

4 Comite Invisible, *A nos amis* (Paris, La Fabrique, 2014), p. 44.

tivessem compreendido que é no terreno da ética, e não da política, que o combate se trava. Portanto, trata-se das formas de vida, das ideias sobre o que é viver, ou viver bem. O exemplo da austeridade, por exemplo, pregado por tantos governos, não é apenas uma questão econômica: trata-se de um certo ethos, talvez protestante, contraposto a um ethos indígena, por exemplo, do bem viver enquanto afirmação política.[5]

3 - A insurreição não deveria obedecer a critérios numéricos, mas qualitativos. Não é uma maioria que se insurge (mesmo que uma maioria possa se indignar), mas é numa combinatória de coragem, determinação, confiança em si, sentido estratégico, energia coletiva que uma insurreição pode começar. Não se trata de esperar o consenso através de assembleias infinitas, mas ensejar algo da ordem do fato consumado, da iniciativa, do gesto, da decisão – num certo sentido, uma velocidade que dissolve os mecanismos democráticos que em geral operam como freios ao movimento e à sua celeridade.

4 - A insurreição é da ordem da cólera e da alegria, não da angústia ou do tédio, e deve dar lugar ao "falar francamente", como o sublinhou Foucault ao analisar o estilo dos cínicos. Certa irreverência é necessária para fazer descarrilhar o código político.

5 - Não se trata de constituir, mas de destituir. Contra os negrianos, portanto, e contra a ideia de poder constituinte, que daria fundamento, legitimidade à

[5] Idem, p. 52.

revolução, aqui o acento está em destituir o poder, privá-lo de fundamento, privá-lo de legitimidade, assumir a dimensão arbitrária e contingente, sempre em situação, de qualquer formação de poder. A destituição insurrecional. A rixa com Negri remonta à primeira publicação do grupo, Tiqqun. Ela persiste, mesmo quando as posições parecem vizinhas.

6 - Não se trata de reivindicar para si o governo, ou de assumi-lo, porém negá-lo: sair do paradigma do governo, não há que governar pessoas ou coisas, ou se deixar governar, mas justamente desfazer-se inteiramente da ideia de governo – embora essa subtração seja afirmação de outra coisa.

7 - Na esteira de Foucault, o poder não é visto sob o prisma da Lei, ou do Rei, ou do Estado, ou da Soberania, mas sim da governamentalidade, algo mais anônimo e gasoso, porém não menos efetivo. O que opera hoje não é alguém que manda, nem mesmo uma instituição, mas mecanismos que conduzem as condutas de uma população, que configuram um ambiente, um meio, a partir do qual se modelam as possibilidades, desejos, modos de pensar, crenças, medos etc. Trata-se hoje de agir sobre o meio, pois é nesse plano que vemos instaurar-se uma governança através dos equipamentos urbanos que organizam a vida tecnológica e mercantilmente, de maneira imanente: *"a verdadeira estrutura do poder é a organização material, tecnológica, física deste mundo. O governo não está mais no governo"*.[6] Donde

---

6 Comite Invisible, *A nos amis* (op. cit.), p. 85.

o ataque a equipamentos, muros, megaprojetos, e a reação daí advinda, pois o embate no nível dessa materialidade soa como um sacrilégio, e de fato é: a ofensa ao equipamento público é um ataque aos instrumentos de uma governamentalidade. Como o poder se tornou "ambiental", assim também os protestos devem sê-lo.

8 - Já que o governo se dá pelo monitoramento dos fluxos, trata-se de bloquear, de interromper o próprio fluxo, a fim de abrir a situação. *"É pelos fluxos que o mundo se mantém. Bloqueemos tudo".*

9 - A consigna de voltar à terra, e à luta concreta, não apenas institucional ou dirigida aos representantes, significa reconectar-se com as condições da existência, de sua materialidade, tecnológica, cibernética, ambiental.

10 - Os autores falam em revolução, mas a redefinem na esteira espinosiana, ou deleuziana: a revolução não é a tomada do poder, mas: "A verdadeira questão para os revolucionários é a de fazer crescer as potências vivas das quais eles participam, de cuidar dos devires-revolucionários a fim de chegar a uma situação revolucionária". Ao cuidado aí empenhado, eles chamam de "tato", em contraposição a uma mera radicalidade abstrata.[7] Ou seja, mesmo os que costumam planar numa abstração radical (e a meu ver era o caso desse grupo há vários anos atrás) podem sim ser reconectados à terra, ao entrar em contato com

---

7 Comite Invisible, *A nos amis* (op. cit.), p. 148.

uma situação real, e deixar para trás a imagem da qual por vezes eles mesmos são prisioneiros, e na qual o poder insiste em encerrá-los. É como formulam a nova consigna: *"A lógica do aumento de potência, eis tudo o que se pode opor à da tomada do poder"*.

11 - Não há ninguém para organizar. No fundo, não existe a população. A população é fruto do poder, é sua fabricação, a fim de ser governável. É preciso dissolvê-la, para dissolver o desejo de governá-la, isto é, o desejo de privá-la de suas forças, de *"cortar os governados de seu poder de agir político"*, que, aliás, é o que faz a polícia a cada vez que tenta "isolar os violentos" para massacrar uma insurreição, produzindo uma cisão entre uns e outros, e no fim, "fabricar" supostos terroristas, monstro clandestino. Daí esse estranho postulado: tentam produzir-nos como sujeito político (anarquistas, black bloc etc.) para criar um revide necessário. *"Quando a repressão cai sobre nós, comecemos por não tomar-nos por nós mesmos, dissolvamos o sujeito-terrorista fantasmático que os teóricos da contra-insurreição se esforçam tanto em imitar"*.

12 - Habitar plenamente é o que se pode contrapor ao paradigma do governo. Isso significa confiar na rede de relações entre pessoas que são elas mesmas formas de organização, investindo nos detalhes cotidianos. A insurreição é indissociável da vida cotidiana, ordinária, e constitui, dentro dela, uma espécie de salto ético. Não há distinção entre espontaneísmo e organização.

13 - Assim como não existe "a população", tampouco existe "a sociedade", essa totalização abstrata. Mais e mais, obedece-se a um sistema de seleção – são selecionados uns poucos, zonas de forte extração de mais-valia, e o resto é considerado inempregável; as *smart cities* e as periferias apodrecidas. A própria classe média vai sofrendo em seu interior esse processo de seleção, entre os *smart* e os idiotas, incompetentes, atrasados, numa progressiva segregação. É, como dizia Foucault, a lógica da biopolítica, fazer viver e deixar morrer. Diante disso, trata-se de habitar um território, assumir a forma de vida, e desde aí entrar em conflito ou em cumplicidade,[8] desenhando uma outra geografia, intensiva. No fundo, é a ideia de que não se trata de defender um território, mas uma maneira de viver que, no entanto, se inventa ao longo da luta. Só existe o *"conjunto dos liames, das amizades, das inimizades, das proximidades e das distâncias efetivas de que fazemos a experiência. Só existem as potências. Um formigamento de mundos, um mundo feito de vários mundos"*.

14 - Não se trata, pois, de territórios, nem de categorias sociais, mas de mundos. *"Cada mundo singular aparece doravante naquilo que ele é: uma dobra no mundo, e não seu fora substancial"*. Ou seja, não supor que se está numa exterioridade absoluta, extraterritorial, a partir da qual se poderia avaliar ou condenar tudo (crítica, aliás, que certamente anteriormente se poderia dirigir a esse grupo que

---

8 Comite Invisible, *A nos amis* (op. cit.), p. 187.

agora a formula). Um mundo deve ser cuidado assim que aparece, mas não é sua singularidade que o impede de conectar-se com todos os outros, como o provaram os zapatistas. A intensificação do que se experimenta abre para vários outros mundos.

15 - *"O Estado é a máfia que venceu todas as outras, e que ganhou em troca o direito de tratá-las como criminosas"*.[9] Mas também não se trata de lançar a sociedade civil contra o Estado, já que ela também é parte desse jogo, ela se incumbe de uma espécie de "responsabilidade adulta", uma postura que supõe uma benevolência, o recalque dos afetos vitais etc. É muito pouco fiar-se na "sociedade civil" e seu cortejo de compromissos.

16 - Nossa força de choque é feita da intensidade daquilo que vivemos, da alegria que dali emana, das formas de expressão que ali se inventam, da capacidade coletiva de persistir. Na inconsistência geral das relações sociais, os revolucionários devem singularizar-se pela densidade de pensamento, de afecção, de fineza, de organização, e não por sua disposição à cisão, à intransigência.[10]

17 - *A res comunnes* é o que resiste e escapa à reificação, à sua transformação em *res*, em coisa, paradoxalmente. É a ideia de Agamben sobre o uso livre do comum, em contraposição a Negri que pensa o comum como a própria produção no capitalismo, e a democracia do comum, que seria um governo do

---

9 Comite Invisible, *A nos amis* (op. cit.), p. 192.

10 Comite Invisible, *A nos amis* (op. cit.), p. 197.

comum. É uma antiga briga de vizinhos: eles implicam com Negri de maneira injusta, pois também na sua teorização o eixo é o comum, e seu uso livre, simplesmente ele considera que isso se engendra no interior do capitalismo, e não precisa, para ser defendido, que se recorra aos franciscanos.

18 - As necessidades são fabricadas. Não há necessidades, mas modos de vida. *"Habitava-se uma certa porção deste mundo e se sabia como nutrir-se, vestir, divertir-se, fazer um teto. As necessidades foram historicamente produzidas e arrancaram os homens de seu mundo. Que isso tenha tomado a forma da razzia, da expropriação, das enclosures ou da colonização, pouco importa. A comuna responde à necessidade de eliminar em nós o ser da necessidade".*

19 - A pergunta permanece: como um conjunto de potências situadas pode constituir uma força mundial? Como um conjunto de comunas compõe um "partido" histórico? É bizarra, a pergunta, já que preserva e invoca a figura surrada do partido histórico. Em todo caso, foi preciso desertar o ritual das contra-cúpulas com seus ativistas profissionais e seus distúrbios previsíveis, slogans esvaziados, para atingir os territórios vividos – abandonar a abstração do global pela atração do local. Ora, não se trata mais de entrar na armadilha dialética de juntar-se frente a um inimigo comum, que assim faria a unidade da luta. Ao invés do modelo dialético, o estratégico, diz Foucault – a quem eles retomam –, as conexões possíveis entre termos díspares, sendo

que a lógica da conexão da heterogeneidade não é a lógica da homogeneização do contraditório. O inimigo é aquilo que a cada vez se apresenta, que se impõe. Uma nova geografia da conflitualidade. *"O que os liga são gestos de resistência que dele decorrem – o bloqueio, a ocupação, o distúrbio, a sabotagem como ataques diretos contra a produção de valor para a circulação de informação e de mercadorias etc."*.

20 - Apenas na parte final do livro os autores mencionam explicitamente Deleuze, que, no entanto, atravessa tantas dessas "teses" sem ser citado, e é curioso o trecho que dele escolheram: *"Devemos ser desde o início, escrevia o camarada Deleuze há mais de 40 anos, mais centralistas que os centralistas. É evidente que a máquina revolucionária não pode contentar-se com as lutas locais e pontuais: hiper desejante e hiper centralizada, ela deve ser tudo ao mesmo tempo. O problema diz respeito à natureza da unificação que deve operar transversalmente, através de uma multiplicidade, e não verticalmente, de modo a massacrar essa multiplicidade própria ao desejo"*.[11]

21 - Como construir uma força que não seja uma organização? De novo, é o dilema espontaneísmo/organização, que é um falso problema, segundo eles, pois repousa sobre uma cegueira, uma incapacidade em perceber as formas de organização que tudo o que se chama de espontâneo traz de maneira subjacente. *"Toda vida, a fortiori toda vida comum, secreta de*

---

11 Comite Invisible, *A nos amis* (op. cit.), p. 232.

si mesma modos de ser, de falar, de produzir, de se amar, de lutar, regularidades, portanto, hábitos, uma linguagem, formas". Deixamos de enxergar tais formas naquilo que vive em nós e ao nosso redor.

RESISTÊNCIA E SUBJETIVIDADE

Eu deixo aqui os meus "amigos", suas observações por vezes muito justas, outras injustas, algumas retomadas de outros pensadores que eles não citam ou que saqueiam alegremente. Que eles construam uma cartografia com elementos vindos de alhures, ou que eles adotem posições que antes criticavam, ou que critiquem hoje posições que eles mesmos encarnavam há dez anos, isso tudo são polêmicas insignificantes para o que hoje nos importa – mudar de idéia, sobretudo quando isso resulta do esfolamento com a realidade, é uma sabedoria. Em meio a tantas questões relevantes, retomo uma pergunta que não deixa de nos atazanar, e que atravessa alguns dos itens evocados. O que significa resistir hoje? E provocativamente, não para revidar-lhes, mas porque tal avaliação continua atual, retomamos a sugestiva resposta de Negri. Se há algumas décadas, diz ele, a resistência obedecia a uma matriz dialética, de oposição direta entre as forças em jogo, onde havia um poder concebido como centro de comando e que cabia a todos disputar, com a subjetividade identitária dos protagonistas definida pela sua exterioridade recíproca e complementaridade dialética (dominante/dominado, colonizador/colonizado, explorador/explorado, patrão/empregado, trabalhador intelectual/manual, professor/

aluno, pai/filho etc.), o contexto pós-moderno, dada sua complexidade, suscita posicionamentos mais oblíquos, diagonais, híbridos, flutuantes. Surgem outros traçados de conflitualidade. Talvez com isso a função da própria negatividade, na política e na cultura, precise ser revista. Como diz Negri: *"Para a modernidade, a resistência [era] uma acumulação de forças contra a exploração, que se subjetiva através da 'tomada de consciência'"*. Na época pós-moderna, nada disso acontece. A resistência se dá como a difusão de comportamentos resistentes e singulares. Se ela se acumula, ela o faz de maneira extensiva, isto é, pela circulação – a mobilidade, a fuga, o êxodo, a deserção: trata-se de multidões que resistem de maneira difusa e escapam das gaiolas sempre mais estreitas da miséria e do poder. Não há necessidade de tomada de consciência coletiva para tanto: o sentido da rebelião é endêmico e atravessa cada consciência, tornando-a orgulhosa. O efeito do comum, que se atrelou a cada singularidade enquanto qualidade antropológica, consiste precisamente nisso. A rebelião não é, pois, pontual nem uniforme: ela percorre ao contrário os espaços do comum e se difunde sob a forma de uma explosão dos comportamentos e das singularidades que é impossível conter. Foi o que se viu também durante as manifestações de junho de 2013, no Brasil. Muitos tiveram dificuldade de apreender o que houve de "novo" num movimento tão imprevisto, imponderável, para não dizer intempestivo. A Turquia, o Egito, a Espanha tiveram obviamente sua parte de contágio e, apesar das diferenças notáveis de contexto, guardaram certo ar de familiaridade. Mas neles o autoritarismo ou a crise econômica pareciam "explicar" os levantes. Em nosso caso, não paramos de nos perguntar: mas afinal, o que queriam os que saíram às ruas em 2013? Mais saúde, educação, serviços, menos corrupção, mais transparência, uma reforma do sistema político? Ou tudo isso, claro, e algo ainda mais radical: um outro modo de pensar a própria relação entre o tempo da vida e o da política?

Se os protestos tangenciaram uma recusa da representação, talvez também expressaram certa distância em relação às formas de vida que se tem imposto brutalmente nas últimas décadas, no nosso contexto bem como no planeta como um todo: produtivismo desenfreado aliado a uma precarização generalizada, mobilização da existência em vista de finalidades cujo sentido escapa a todos, um poder farmacopornográfico, como o diz Preciado, capitalização de todas as esferas da existência, em suma, um niilismo biopolítico que não pode ter como revide senão justamente a vida multitudinária posta em cena.

É preciso reconhecer, pois, que para além dos 20 ou 50 centavos – que falam precisamente da mobilidade urbana como uma condição da própria vida e da produção nas cidades contemporâneas – muitos outros desejos se expressaram assim que a porteira da rua foi arrombada. Falamos de desejo, e não de reivindicações, justamente porque reivindicações podem ser satisfeitas, mas o desejo obedece a outra lógica – ele tende à expansão, ele se espraia, contagia, prolifera, se multiplica e se reinventa à medida que se conecta com outros. Falamos de um desejo coletivo, no qual se tem imenso prazer em descer à rua, em sentir a pulsação multitudinária, em cruzar a diversidade de vozes e corpos, sexos e tipos, até mesmo de se enfrentar com uma materialidade do poder na forma da polícia, e apreender um "comum", que tem a ver com os corpos, as redes, as redes sociais, a inteligência coletiva, com uma sensorialidade ampliada, com a certeza de que o transporte deveria ser um bem comum, assim como o verde da Praça Taksim ou do Parque Augusta, assim como a água, a terra, a internet, as informações (quando se há de quebrar o monopólio que algumas poucas famílias detêm sobre a infosfera deste país continental?), os códigos, os saberes, a cidade, e que toda espécie de *enclosure* é um atentado às condições da produção e reprodução contemporâneas, que requer cada vez mais o livre compartilhamento do comum. Tornar cada vez mais comum o que é comum – outrora alguns chamaram isso de comunismo. Um comunismo do desejo. A expressão soa hoje como um atentado ao pudor. Mas é a expropriação do comum pelos mecanismos de poder que ataca e depaupera capilarmente aquilo que é a fonte e a matéria mesma do contemporâneo – a vida (em) comum.

Talvez uma outra subjetividade política e coletiva esteja (re)nascendo, aqui e em outros pontos do planeta, para a qual carecemos de categorias e parâmetros. É possível que os pontos mencionados pelo Comitê Invisível, ou alguns deles, nos ajudem a pensá-la. Mais insurreta, mais anônima, mais múltipla, de movimento mais do que de partido, de fluxo mais do que de disciplina, de impulso mais do que de finalidades, com um poder de convocação incomum, sem que isso garanta nada, muito menos que ela se torne o novo sujeito da

História. É difícil medir tais movimentos sem usar a régua da contabilidade de mercearia ou do jogo de futebol. "Quanto lucramos", "no que deu", "quais forças favoreceu", "no final, quem venceu?", perguntarão. Não se trata de menosprezar a avaliação das forças em jogo, sobretudo num país como o nosso, em que uma vasta aliança conservadora distribui as cartas e leva o jogo há séculos, independente dos regimes que se sucedem ou do que dizem as urnas, e por vezes capitaliza até mesmo essa energia insurreta que vem das ruas, e esse é sempre um risco. Não se trata de confiar no deus-dará, mas ao contrário, aguçar a capacidade de discriminar as linhas de força do presente, fortalecer aquelas direções que garantam a preservação dessa abertura e distinguir, no meio da correnteza, o que é redemoinho e o que é pororoca, quais direções são destituintes ou constituintes, quais apenas repisam o instituído, quais comportam riscos de retrocesso.

Vamos a nossas parcas conclusões, nada conclusivas. Em meio a esse leque de diagnósticos terroríficos sobre o destino da terra e da guerra, e as pistas sobre a resistência, já mal sabemos em que direção vamos, quais devires nos atravessam hoje, e para onde nos arrastam. Só percebemos, e ainda assim mal e mal, o que é que eles vão deixando para trás como uma escama de cobra, que antes nos identificava e que hoje olhamos com certo espanto, mal imaginando que aquilo ontem éramos nós. Falo das doutrinas, dos modos de organização, da representação política, das maneiras de viver, das modalidades de pensar que vão provando sua caducidade. Molduras que ontem davam-nos identidade, direção, expectativa, promessa, fizeram água – ainda que seu luto não forçosamente nos empurre a uma postura melancólica. O que se esboça ou se desenha não tem mais uma direção unívoca: para diante, por exemplo, ou para cima, nem sequer para baixo – antes para o lado, eu diria. Apesar das totalizações capitalísticas não largarem o osso, desfez-se a totalidade do tempo, ou o tempo como totalidade, nisso que alguns chamam de "hipertempo". É o tempo como desmesura. Hölderlin chamou a tal desequilíbrio de cesura – a cesura é aquilo que não permite que começo e fim "rimem" – um desequilíbrio que nos faz viver nessa brecha e nas aberrações daí advindas, com as novas inquietações e emoções que lhe são próprias.

Sim, há microrrevoluções por toda parte, em escalas as mais diversas, por vezes diminutas, inomináveis, completamente invisíveis a olho nu ou pelo limiar que a mídia impõe. Seria preciso diminuir a luz do mundo, desligar os holofotes que iluminam as celebridades e os espetáculos planetários para enxergar tais vaga-lumes e suas bioluminescências. Ao mesmo tempo, não podemos escamotear as mutações subjetivas, a-subjetivas, que as novas tecnologias trazem embutidas, ou ainda, para dizê-lo de maneira mais direta, a servidão maquínica que a nova lógica da guerra escancara.

Por outro lado, quando nos vêm perguntar: "bem, com toda essa retórica filosófica, ecológica, tecnológica, afinal, o que vocês propõem?", como se todo esse desassossego nos obrigasse a um desenho já pronto sobre o futuro desejável, tenho vontade de responder como David Lapoujade: essa pergunta volta porque ainda não se fez o luto *"da filosofia como aparelho de Estado"*.[12] Ou seja, nessa cobrança está embutido o pressuposto de que pensar equivale a servir a um Estado já existente ou em gestação, e não, por exemplo, colocar em suspenso a gestão do mundo e dar-se a ocasião de puxar uma linha na contramão de sua lógica de administração de coisas e homens. Não, a filosofia não é funcionária do Estado ou do Capital, nem dos partidos. Mas ela, juntamente com outras práticas, saberes e lutas, pode chamar por um povo e por povoamentos a serem engendrados precisamente nas alianças várias que se forem forjando em meio aos combates os mais vivos e concretos.

---

12 David Lapoujade, "Deleuze: política e informação", *Cadernos de Subjetividade* (São Paulo, PUC-SP, 2010).

ANÔNIMO

ANÔNIMO – 2001 a 2013

1° *E a guerra apenas começou, 2001 (vídeo/texto)*
2° *O grande jogo da guerra civil,* ± *2002*
3° *Appel [Chamado], 2003*
4° *A festa acabou, 2004*
5° *Preliminares à toda luta anti-carcerária,* ± *2005*
6° *Comunicados do Comitê de Ocupação de Sorbonne em Exílio (Cose) , 2006*
7° *A um amigo, 2006*
8° *Deserto, 2011*
9° *Communist Club,* ± *2013*
10° *Contra a democracia, 2013 (edição original espanhola)*

O GRANDE JOGO DA GUERRA CIVIL[1]
anônimo

REGRA N°1

Até que surja uma nova ordem, todos os seus direitos se encontram suspensos. Naturalmente, é conveniente que vocês conservem por algum tempo a ilusão de que ainda desfrutam de alguns deles. Assim, não os violaremos mais que um a um, e caso a caso.

REGRA N°2

Sejam gentis: não nos falem mais de leis, da Constituição e nem de todas essas elucubrações de outra época. Faz algum tempo, como vocês podem ter notado, que fizemos aprovar leis que nos colocam acima das leis, assim como o resto da chamada Constituição.

---

1 N. da E.: O presente texto foi traduzido por Leonardo Araujo Beserra por meio do cruzamento entre o original em língua francesa e sua tradução em espanhol. O meio de sua primeira publicação ainda é incerto para esta edição, mas acredita-se ter surgido em 2005, circulando especificamente na internet.

REGRA N°3

Vocês estão fracos, isolados, atordoados, abusados. Nós somos muitos, organizados, fortes e esclarecidos. Alguns dizem que nós somos uma máfia. Isto é falso, nós somos A máfia, a que venceu todas as outras. Apenas nós temos condições de proteger vocês do caos do mundo. E é por isso que gostamos tanto de introduzir em vocês o sentimento de fraqueza, de "insegurança". É nessa mesma medida que o nosso assalto é rentável.

REGRA N°4

Para vocês o jogo consistirá em fugir ou pelo menos tentar fugir. Por fugir, nós entendemos: superar seu estado de dependência. Por agora, é bem verdade, vocês dependem de nós em todos os aspectos de suas vidas. Vocês comem o que nós produzimos, respiram o que nós poluímos, estão à nossa mercê quando surge a menor cárie e acima de tudo não podem nada contra a soberania da nossa polícia, a quem conferimos toda liberdade, tanto de ação como de apreciação.

REGRA N°5

Vocês não conseguirão fugir sozinhos. Vocês precisarão então começar por constituir as solidariedades necessárias. Para complicar o jogo, nós acabamos por liquidar toda forma de sociedade autônoma. Nós apenas deixamos subsistir o trabalho: a sociedade sob controle. Através do roubo, da amizade, da sabotagem e da auto-organização, isso é o que será fugir para vocês. Ah, uma precisão: todos os meios de fugir, nós fizemos deles crimes.

REGRA N°6

Nós temos repetido constantemente: os criminosos são nossos inimigos. Mas, por isso, vocês devem entender primeiro isto: que nossos inimigos são criminosos. Como fugitivos em potencial, cada um de vocês é também um potencial criminoso. É por isso que nós mantemos a lista dos números que vocês ligaram dos seus telefones, que os seus celulares nos permitem localizá-los a qualquer momento e que os seus cartões de crédito nos deixam conhecer tão bem seus hábitos.

REGRA N°7

No nosso pequeno jogo, aqueles que saírem de seu isolamento são nomeados "criminosos". Quanto àqueles que tiverem a ousadia de questionar esse estatuto, nós os chamaremos de "terroristas". Esses podem ser mortos a qualquer instante.

REGRA N°8

Nós somos bem conscientes que a vida nas filas de nossa sociedade contém tanta alegria quanto um trajeto de TREM: que o capitalismo apenas produziu até o momento, em matéria de riqueza, uma desolação universal; que nossa ordem carcomida não tem outros argumentos que não sejam as balas de borracha que a protegem. Mas o que vocês querem: é assim! Nós desarmamos vocês mentalmente, fisicamente; e nós detemos o monopólio daquilo que nós proibimos: a violência, as cumplicidades e a aparição. Francamente, se vocês estivessem em nossa posição, fariam outra coisa que não fosse o que nós já fazemos?

REGRA N°9

Vocês vão conhecer a cadeia.

REGRA N°10

Não há mais regras. Todos os golpes estão permitidos.

Vosso Governo

POR QUE ME CHAMA?[1]
leonardo araujo beserra

Appel é um texto anônimo, que dizem ter sido escrito em 2003, impresso em milhares de exemplares e distribuído em manifestações de rua, assembleias e reuniões de grupos subversivos na cidade de Paris, no mesmo ano. Seu surgimento se inscreve, dentro de uma possível genealogia sintética de um pensamento crítico-político da metafísica, entre o fim do grupo Tiqqun, em 2001, e o reaparecimento do Comitê Invisível, em 2007.

Appel é dividido em sete propostas ou, como na organização do próprio texto, capítulos. Cada proposta é seguida de sua glosa, anotação ou escólio. Elas são muito curtas e costumam condensar um desvelamento prático e reflexivo de seus argumentos, ainda conceituais. Discute-se aqui as duas primeiras propostas à luz de suas glosas, porém, sem fazer menção

---

[1] N. da E.: apenas a primeira parte, Proposta I, do presente texto foi apresentada pelo editor no primeiro encontro do programa de debates que gera este livro. A segunda parte, Proposta II, foi escrita posteriormente.

necessária ao que nas anotações do texto original se disserta. Não pretende-se fazer, como dizem por aí, *spoiler* do texto.

PROPOSTA I

Logo de início, a primeira proposta funda a imagem do *deserto*, talvez o mesmo deserto atribuído ao real por Zizek (*O Deserto do Real*), ou o deserto descrito e formulado nas obras de Orwell. Este deserto de *"Appel"* concatena, desde logo, as concepções existentes em tentativas de agregação crítica à vida contemporânea. O deserto da "Proposta I" é também a revisão sistêmica na biopolítica de Michel Foucault, o espetáculo alarmante da presente realidade de Guy Debord e o império civilizacional do capitalismo de Antonio Negri. Este deserto, que facilmente pode ser reconhecido e que é impossível de negar, já que está aqui para todos, só se pode agarrar quem responde o dito "tempo de agora" e que reconhece que a *situação* é a que já nos encontramos e que nela o todo está ancorado. O deserto dá-se a tudo que existe e a todos que nele habitam. Por que o que não há é a possibilidade de fuga. Não temos para onde fugir. Resta-nos apenas, partir dela, da situação presente e assim mantê-la mais latente.

Surge assim a proposição: organizar-se.

Como é dito na "Proposta I", o que nos sobra neste deserto não só é o completo terror político e a miséria afetiva das relações partidas e nada partilhadas (*"Teses sobre a comunidade terrível,* Tiqqun, 2001), mas também o imperativo de nos organizarmos. Obviamente que a proposta não tem nada que ver com gerar em ti ou em mim, os leitores, uma espécie de organização, que para nós estaria facilmente concedida: cada um com sua agenda eletrônica aportada por alarmes constantes sob a sobrevivência de um tempo sem palpabilidade, sem vida, como exímios organizadores dos próprios tempos. Organizar-se, para os conscientes das debilidades de si mesmos que o deserto produz, é agir num estado comum de partilhamento. Já, ao contrário, para os que apenas se indignam com as coisas que no deserto ocorrem, resta-lhes apenas denunciar. E isso nunca irá faltar: a denúncia.

Para esse começo de *Appel*, faz-se importante dizer que no último texto da revista Tiqqun número II, *Como fazer*, os não-autores suscitam, como meros anarquistas insurrecionários, fazer surgir nos leitores o simples desejo incômodo de se organizarem em seus grupos, em completo anonimato e em possível segurança. Os que respondem ao chamado, que o próprio anonimato se faz traduzir, não o fazem por terem lido *Appel*, mas por terem compreendido antes a calar frente às evidências que representam antes de tudo uma identidade sem pessoa (Agamben). Quem chama não é um autor, nem mesmo um grupelho, mas a visível esterilidade que o deserto oferece.

Isto é o que se faz chamar. Quem chama? Nós mesmos a nós.

Porém, *Appel* assume também o lugar presunçoso de apelar, de querer se fazer ouvido/lido, e se utiliza da ambiguidade de seu termo (*Appel*)[2] e do próprio

---

2 No original em francês, *appel* pode significar "chamar" e/ou "apelar".

pensamento construído por Tiqqun para dar ao leitor a escolha. A escolha de responder ao chamado, de corresponder felizmente à agonia de viver a situação presente, ou a escolha de fazer-se escutar pelas próprias evidências de sua inexistência originária. Pois tudo o que o torna possível é um ato anônimo. O anonimato, nesse sentido, não é o mesmo que propõe Tiqqun, ou sobre o qual *Appel* existe, ou mesmo como o Comitê Invisível acredita ser conhecido – o anonimato é o de qualquer presença que viva no agora desse tempo. Então, o próprio texto assume que chama, mas chama porque quem chama é a realidade de nossas próprias vidas: *"Isto é um chamado. Ou seja, dirige-se àqueles que quiserem escutar".*

E aqui surge um problema ético, mas que pode ser desmerecido caso nos acomodemos com a proposição anteriormente formulada pela simples existência de *Appel*, de estarmos lendo um não-autor sem sujeito ou insígnia.

Na primeira publicação do Comitê Invisível, *A Insurreição que vem*, especificamente nas últimas linhas do primeiro texto do livro, "Sob qualquer ponto de vista...", lê-se:

> "Este livro é assinado com o nome de um coletivo imaginário. Os seus redatores não são seus autores. Limitaram-se a pôr um pouco de ordem nos lugares-comuns dessa época, naquilo que se sussurra nas mesas dos bares, por detrás das portas fechadas dos quartos. Não fizeram mais do que fixar as verdades necessárias, cujo recalcamento universal enche os hospitais psiquiátricos e os olhares de

mágoa. Fizeram-se escribas da situação. (...) Basta falar daquilo que temos diante dos olhos e não nos esquivaremos às conclusões".

Um escriba egípcio relatava, organizava, imprimia em letras, fazia registros em documentos de regras e leis, fatos e informações de diversas instâncias de sua organização social. Não fazia mais que redigir, copiar, transcrever e documentar em texto o que no seu tempo ocorria e era acordado entre os poderosos. Desse modo, os escribas não eram dados à literatura ou à narração ficcionalizada do presente, eram simplesmente as caixas registradoras de um tempo, se podemos assim dizer. O que os aproxima dos não-autores que aqui discutimos é a realidade dos anonimatos de seus documentos, pois o que se transparece como evidência de seus atos é justamente a sua não aparição nominal. Sem assinatura ou autoria declarada, os documentos redigidos pelos escribas formalizavam a história de um tempo em que eles não puderam ter qualquer poder decisivo ou influência.

Quer dizer, isso é o que a história nos deixa saber, mesmo que na atualidade desconfiemos de qualquer um que tenha, dos fatos históricos, partido com olhos ao futuro.

Mesmo anonimamente, visto que os escribas não mantinham autoridade nem autoria dos registros em texto que faziam, compunham uma classe que usufruía de largo destaque social – eram os poucos que dominavam a escrita, ou melhor, os que podiam, naquele momento, registrar e dar futuro à história em seu momento de escrição. Faz-se assim possível que desconfiemos dos escribas contemporâneos, a exemplo de Comitê Invisível, pois há neste ato de apropriação um reconhecimento de privilégio que deveria nos fazer distanciar.

Somos, nisso, a presa.

O que não se diz nos textos de Tiqqun, dos anônimos ou do Comitê Invisível, é que no início dos anos 2000 se desenvolveu na França algo que ficou conhecido como Movimento Neorural. Quase um milhão de jovens saídos dos grandes centros, principalmente de Paris, com idade entre 25 a 35 anos, começaram a formar pequenas "comunas" e a habitar pequenas cidades ou vilarejos que antes não possuíam nem mesmo 5 mil habitantes. Estes jovens, muitos deles originários das melhores escolas de ciências humanas do país e da Europa, de famílias de alta renda e com facilidade de locomoção, comportavam-se como verdadeiros insurrecionários, o que logo chamou a atenção das autoridades locais e nacionais.

O que se pretende dizer com essa informação – fazendo um paralelo talvez indevido, embora necessário – é que os possíveis "escribas" dos textos sobre os quais discorremos, tais como Julien Coupat, preso em Tarnac (vila rural da França) com mais 8 companheiros acusados de terem sabotado uma linha férrea e escrito *A insurreição que vem*, não se puderam fazer anônimos.

Na esteira do pensamento de Tiqqun, da construção de um Partido Imaginário que se dividiria entre duas facções, a conservadora – "milicianos libertários, anarcocapitalistas, fascistas insurrecionais, jihadistas qutbadistas, partidários da civilização camponesa" (*Isto não é um programa*) – e a revolucionário-experimental (possivelmente aquela a qual nossos escribas se inscreveriam) – verifica-se que é na passagem sem autoria para o segundo número da revista Tiqqun, em que a Comissão de Redação mencionada no número anterior desaparece das páginas junto com seu diretor de publicação Stephan Hottner, que parece terem tomado consciência da necessidade do anonimato.[3] É nesta segunda edição que Tiqqun une ao Partido Imaginário a conceitualização e a proposta prática do caráter anônimo.

Apenas um ano depois do lançamento da última Tiqqun, surge *Appel*. O anonimato, dessa vez, se faz completo, ou melhor, se realiza na prática. Sem insígnia (Tiqqun) ou organização (Comitê Invisível), como um texto que surgiu de qualquer um que fez experimentar o grito que ocorria silenciosamente dentro de si. A externalização do seu conteúdo se fez na possibilidade de projetar a própria voz.

Appel assume não só uma fala messiânica, mas também certa voz aguda que ruge dentro de nós. Mesmo sem volume, de um messias sem semblante ou origem, criado em todos e por todos constituído, este não-autor ficcionaliza uma realidade.

Tal criação, que pode ter sido nomeada em Tiqqun por Bloom (*Teoria do bloom*, Tiqqun, 1999), não se faz nossa e nem por nós foi concebida, mas nos foi presenteada e

---

[3] A comissão de redação do primeiro número de Tiqqun foi composta por: Julien Boudart, Fulvia Carnevale, Julien Coupat, Junius Frey, Joël Gayraud, Stephan Hottner e Remy Ricoudeaun

por isso absorvida através dos dispositivos do Império (*Teses sobre a comunidade terrível*, Tiqqun, 2001).

Este anonimato serve mais ao que diariamente nos faz não-humanos, que nos foi retirado há décadas. Este habitat, dos que vivem esta agonia de não serem mais nada a não ser o que aí se encontra posto, o anonimato comum a todos.

O anonimato nos torna comuns assim como o desejo de sermos um outro ou sempre diferente uns dos outros não nos compete.

O que não se discute é que a realidade do anonimato como prática narrativa não compete à critica que facilmente levantaríamos aos diferentes textos. As vozes desses textos exclamam o que não conseguem dizer: a impossibilidade de requerer-se no presente uma autoria. O que os textos descabelam-se para fazer é aquietar a falta de experiência que vivemos, que nos faz buscar sempre um lugar para nos ancorarmos. Somos apenas anônimos, não procedemos mais pelo intemperismo intrínseco a qualquer autoridade e nem mesmo a contingência de qualquer origem, pois a essência é desde já o instrumento fictício que faz ameno o profundo deserto que vivemos.

A origem seria, não obstante, a própria configuração do passado, nossa história que não é nossa, que nos foi contada, e é até hoje A pedagogia (*Programa para uma revista*, Agamben, 1978).

A única coisa da história que precisamos saber é que dela surgiram autores, que com seus devidos lugares de escrita não se presentificavam sem a premissa do futuro. O texto histórico é desde sempre um contrato que se trava entre o presente e sua perspectiva selecionada do passado, responsável por uma curadoria do futuro.

Esse presente da escrita do autor será sempre de passagem.

Contudo, os escribas anônimos provindos do Comitê Invisível, desejados por Tiqqun e realizados definitivamente em *Appel*, são revoltosos. Eles tomam o lugar de criação, se apropriam das coisas da história sem reconhecê-las em seus lugares de estada. Os escribas são essa voz sem nome e som, que chama, presunçosamente e com força.

Propõem uma expropriação dos fatos.

PROPOSTA II

O controle como único modo de existência é justamente o que demonstra a própria ruína do "sistema". Esta é a leitura que faço da primeira afirmação realizada na primeira linha da "Proposta II". A escolha realizada por *Appel* em discorrer sobre o controle como modo de governo através da existência de seus sujeitos não só parece ser feita pelo simples motivo de alertar o controle, mas para justamente fazer-nos desconfiar de nossa própria parte na manutenção do controle. Assim como de sua produção e alargamento no deserto. Quanto mais controle, mais possibilidade de controlar, de gerar dispositivos de fortalecimento do controle e, em todo caso, o próprio desejo de controlar e ser controlado:

> "A medida que é reorganizado e progressivamente reconquistado, o espaço público cobre-se de câmeras.

Não se trata apenas de toda a vigilância parecer possível, mas, sobretudo, de ela toda parecer admissível" (*Appel*, Escólio da "Proposta II", 2003).

Como na sociedade descrita por Gilles Deleuze aos olhos de Michel Foucault, o controle, em *Appel*, não é só um modo de governo, mas um modo de assujeitamento em que os sujeitos se confortam ao gerarem certa endovigilância. O que os sujeitos apreendem é que fazem parte do engendramento dessa sociedade e que, para mantê-la amena e pacífica, exercer o controle de si e dos outros é um modo de se auto-governarem. Esta é uma pedagogia que não atravessa o campo do ensino do sistema, mas que se desdobra como um apoderamento gerado pela própria dominação, oferecido como experimento aos sujeitos que se disponibilizam ao controle.

É por isso que a chamada Cultura da Convergência de Henry Jenkins – uma teoria abertamente pró--capitalista, favorável e próxima dos meios de opressão velados pelo ensejo do consumo – faz jus a criação de seus dispositivos. Ela data de uma virada, do surgimento de plataformas virtuais que aparentemente dotam os consumidores de influência (se não autonomia) no discurso. Com o surgimento do Youtube, fóruns de debate, redes sociais, e outras coisas, os consumidores iniciam relações "críticas" em relação aos diversos produtos com os quais mantêm proximidade, dentre eles os jogos virtuais. As empresas produtoras destes jogos, assim, se veem obrigadas a aperfeiçoar as plataformas de desenvolvimento de seus trabalhos, respondendo ao público consumidor com o que eles desejam como "avanço", encarado como uma melhoria dos sistemas, tornando a relação entre produtor e consumidor mais complexa e, ao mesmo tempo, deformando os lugares usuais, até então, de estada até entãoexercício do poder.

A pergunta é: quem detém de fato os meios de produção, os consumidores que superaram em *expertise* os produtores ou os produtores que oferecem industrialmente os produtos aos quais os consumidores os induziram a produzir? É lógico que na perspectiva trazida pela pergunta o próprio entendimento acerca dos meios de produção muda, pois não necessariamente se detêm na fisicalidade do produto, mas, antes, ao meio difuso e obtuso com que a própria produção se faz presente: entre desejo e realidade.

Nesse caso, o controle mais se parece com uma figura de empoderamento do que outra coisa. Porém, caso desconfiemos do modo como a empresa mantém seus consumidores trabalhando para ela, fazendo a lição de casa e apenas disponibilizando da estrutura necessária para responder ao desejo de seus consumidores, poderemos, no limite, dizer que existe nessa relação um controle que se compartilha, ou melhor, que se faz na própria maneira com que o novo capitalismo assujeita seus sujeitos, sem tornar tal façanha nada aparente. Surge daí um sujeito que pode até ter certa consciência da opressão que sofre, mas que confusamente se alegra ao conformar-se com o que lhe oferecem. O que lhe é oferecido se confunde com o que que ele deseja e, por fim, reclama.

Há nesta relação binômica e complexa uma imagem, não a do deserto, mas análoga à imagem das ações ocorrem nele: a do desastre. Qualquer identidade política já emergida e ainda insistente em sua voga – da esquerda tradicional (política clássica) ao anarquismo neoliberal–, caso mantivermos suas práticas, apenas continuará a nos levar ao desastre, rechaçando ainda mais os sujeitos que nelas empreendem energia. Este desastre se esclarece pelo simples fato de não o reconhecermos como negativo. Ele está para o desejo assim como está para opressão. O desastre não está para o deserto como o anonimato está para criação, o desastre já o é a própria história, os próprios erros cometidos. Ele se insere nas certezas de luta que se exprimem a um fim, que espelham num objetivo uma solução. E no deserto não há solução, pois o mundo todo está coberto por ele.

O fato é que, tanto para Tiqqun e *Appel* como para o Comitê Invisível, nós já descendemos do desastre da esquerda tradicional (política clássica) e o nosso presente não é senão o desastre de nosso próprio meio, do meio em que o controle nos faz desejar controlá-lo. Essa catástrofe contínua que cerca a todos nos é inerente – e, por isso, a ela prescrevemos nossa sobrevivência e não nossa luta. A luta já é, nesse sentido, sobreviver constantemente à catástrofe de nossos dias: a impossibilidade de sermos um outro que não pudemos nunca imaginar, pois tudo o que desejamos já não é mais nosso, mas provindo da própria produção e manutenção que fazemos dos dispositivos.

É desse fato que *Appel* parte: a evidência de que o controle se faz mais presente do que nunca, pelo simples motivo de que todos nós o produzimos, o reproduzimos e ao mesmo tempo o mantemos, desejosos também de controlar. É deste procedimento que a clareza do controle é justamente aparente. Não seria nem um pouco fácil esconder o controle do próprio controle, ele se faz evidente pelo mesmo motivo de o abominarmos. Denunciar o controle seria denunciarmos a nós mesmos. Seria tornar evidente uma opressão a qual mais mantemos vontade do que requeremos destruição, ao avesso de um caráter destrutivo (como aquele *Caráter Destrutivo* descrito por Walter Benjamin em 1932). Aí está um desastre sem saída, um mundo inteiro em ruínas que mais parecem belas construções (como descrito por um anônimo em "O belo inferno", *La Fête Est Finie*, 2004).

E por fim chegamos à proposta. Diante do controle e de sua evidente ruína como existência subjetiva pária a nada, o desastre como clareza não é algo com que se lide para reivindicar ou denunciar alguma coisa, mas é de onde novamente se parte. Os que respondem ao chamado de *Appel* constituem-se em "força material autônoma" –premissa para quem reconhece, desde já, a guerra em curso que aí se encontram (*Introdução à guerra civil*, Tiqqun, 1999). Aí está a proposta factual, a de não sucumbir, por escolha e afecção, às ligeiras acepções com que o Deserto nos acomete a incorrer ao denunciarmos suas negligências, suas trapaças, falsidades, opressões, dominações etc.; ao contrário, a proposta de se organizar invisivelmente, de modo anônimo e autônomo, sem instituição, semblante, ou insígnia, como uma força que contenha materialidade, seja na energia empreendida nos atos, nas investida contra o Império, seja na realização dos conflitos contínuos dentro da própria organização.

De tal modo, os que se colocam como parte do experimento-revolucionário são os mesmos que possivelmente escrevem, os que reconhecem a chamada no próprio peito e os que se fizeram esclarecidos ou encontrados após lerem o *Appel*. Ainda assim, o retorno messiânico e a presunção da aparente solução. A proposta não é tão diversa de uma reviravolta no jogo político, mas no jogo que se considera já antipolítico. Quem não reconhece o que está posto como seu, mas construído para o dominar, percebe desde então que a política deva ocorrer nos encontros, ou melhor, escondido dos olhos do Império, apenas na organização. Pois a política que aí, no *deserto*, através do Império, se faz e se torna legitimável aos olhos da história não é a política de quem não se reconhece no mesmo jogo. A política nesse caso carece de politização dos sujeitos e implica a conformação de modos de governabilidade dos sujeitos assujeitados.

Appel, enfim, propõe manter o Império como Império, tornando-o mais evidente por si só. A ideia talvez seja de não participar de situações que replicam as condescendências da história, assim como não reproduzir os meios que sempre liquidam as investidas contra o poder. Seria simplesmente iniciar certa análise da realidade política e dela extrair aquilo no que não conseguimos mais nos reconhecer, pois essas investidas invisíveis, previstas, não se justificam em contestações ou com reivindicações – sabem desde agora que o Império em nada mudará as coisas, apenas as transformará em aparência, em subjacência de dominação. Há que dizer que quem mantém o Império como dominador não seriam os experimentais, mas os que denunciam suas negativas. Porém, o que não se costuma deixar evidente é que o Império não precisa mais dominar e nem produzir dominação, pois todos os dispositivos já são eles mesmos nós-mesmos e criados por nós-mesmos a fim de nos mantermos dominados.

SUBJETIVIDADE, SEXUALIDADE E GUERRA[1]

abigail campos leal

I . GUERRA MUDA E GENEALOGIAS SILENCIOSAS

Não tenho maiores pretensões aqui, a não ser organizar um *experimento*, na medida em que, aqui, não se trata de propor *interpretações*, mas de com*partilhar* experimentações.

Experimento certa leitura de uma questão urgente e que aqui aparece como uma tentativa de enfatizar, nos escritos que surgem com as assinaturas *Tiqqun* e *Comitê Invisível*[2], a importância das *problematizações*

---

1 N. da E.: O artigo aqui apresentado, produzido especificamente para esta edição, é resultado de uma elaboração maior, iniciada para o encontro de 2016 do *Cidadãos, voltem pra casa!*.

2 É preciso ainda, em algum momento, evitando as confusões e mal-entendidos, analisar mais de perto essa relação tortuosa entre os escritos que aparecem sob a assinatura *Tiqqun* e *Comitê Invisível*. Certamente, não se trata da mesma coisa, como os contextos singulares de suas emergências e os seus próprios escritos bem apontam. Mas ainda assim seria potente, no contexto político-subjetivo que pretendo traçar a partir desses textos, investigar as zonas de vizinhança e as marcações de diferença ou mesmo de rupturas que surgem no limiar dessas duas assinaturas, dessas duas escritas.

subjetivas, afetivas, desejantes e *sexuais* como instâncias indispensáveis na criação e no gestar de *acontecimentos inssurrecionários* mais amplos.

Ao enfatizar *essa* leitura subjetivo-sexual da insurreição, pretendo não apenas extrair as potências sexo-políticas das reflexões "tiqqunianas", mas também apontar para certos limites que aí inevitavelmente se *marcam* – mesmo que esses limites não se exponham "claramente". E no vácuo desse movimento, que extrai as potências e os limites dessa leitura, insiro outro ponto experimental desse exercício, a saber, que existe já, em curso, uma certa *leitura feminista e 'queer'* (*cuir*, como já se escreve) do "inssurrecionarismo francês" – aquilo que se chama de *niilismo queer, queer anti-social, feminismo anti-social, feminismo negativo* ou *feminismo insurrecionário*.[3] *Pouco* se ouve a respeito desse debate silencioso, que circula tanto *através* de fofocas e bafões no ambiente acadêmico "queer", quanto em *zonas opacas de ofensividade trans-viada*. Isso é já sintomático de uma certa *recepção* dos escritos insurrecionários e da teoria feminista ("queer") *desde aká*, e destaca menos um privilégio de *transmarikas* que acompanham esse debate trans-atlântico, do que a cis-virilidade opulenta dos "nossos" movimentos anti-sistêmicos, que ainda permanecem letárgicos e imóveis frente a importância

---

3 Todas essas rubricas de matriz estadunidense gravam-se num movimento duplo que, em primeiro lugar, deixa-se ver na academia, nas publicações de Lee Edelman, *No Future: Queer Theory and, Death Drive* (2004), e Jack Halbertstam, *The Queer Art of Failure*, que marcam a chamada "virada anti-social na teoria queer", mas que também vê-se nas ruas, nas ações e escritos da *BashBack!*, especialmente *Queer Ultraviolence: a Bashback! Anthology* (2012), culminando na revista *Baedan: a journal of queer niilism* (2012).

dos processos de des-subjetivação para a criação de situações insurrecionárias, e o sonambulismo de uma certa teoria feminista e das reflexões lgbttqs, ainda muito presas às narrativas fantasmáticas da não-violência e do assimilacionismo, alheias a uma infinidade invisível de *sapatrans* e *transmarikas* que estão lendo *Tiqqun* e outres insurrecionáries e discutindo *comunidade, insurreição,* autodefesa e *violência*, a partir de uma perspectiva *trans*feminista.

Esse debate é extenso, e o tempo escasso. As origens dessa história se multiplicam incessantemente. Retomo aqui, apenas dois textos emblemáticos de uma *genealogia* que ainda não existe. Esse recorte é motivado tanto pela *potência disruptiva* e pela *funcionalidade maquínica* dessas escritas, quanto pelo *silêncio* com que foram recebidos, sobretudo nos meios inssurrecionários e feministas: *Introdução à guerra civil*, que apareceu em *Tiqqun* #2, França, 2001, e *Rumo a mais queer das insurreições*, sob a emblemática e opaca assinatura de Mary Nardini Gang, EUA, 2008. Esses dois textos, cada um à sua maneira, formariam capítulos de algo que poderíamos denominar como um *"manual prático de guerrilha subjetiva"*. Esse manual, se existisse, longe de ditar uma *moral*, compartilharia uma *ética*. É nas zonas cinzentas dessa ética insurgente, dessa tal *guerrilha subjetiva,* que pretendo dar marcha a esse experimento: um experimento que, com um nariz *transmarika, fareja* os *odores sexo-afetivos* na "insurreição tiqqunista", e com um nariz insurrecionário, fareja uma *ética guerrilheira* no feminismo da *Gangue Nardini*.

II . DIAGNÓSTICO DO PRESENTE: GUERRA CIVIL E (HETERO)NORMALIDADE

Do ponto de vista estratégico, para armar uma ofensiva ou iniciar um recuo ofensivo, é preciso conhecer o terreno onde se luta. Nesse sentido, esses manuais precisam também funcionar como um tipo de *diagnóstico*. Assim, o diagnóstico "tiqqunista", não deixa de refletir o *tremor* da situação que deveria apenas diagnosticar: sob a calmaria da *netflixzação ontológica* do capitalismo contemporâneo, ouve-se a preparação de uma guerra declarada. "O Estado Moderno, que tem como objetivo pôr fim à guerra civil é, por outro lado, a sua continuação por outros meios".[4] Do ponto de vista genealógico, essa leitura tem uma filiação dupla: por um lado reflete os apontamentos foucaultianos a respeito da guerra como modelo de gestão política e do racismo de Estado como paradigma político do Ocidente, e, por outro, ecoa as reflexões do *anarquismo insurrecionário* (russo, francês e latino-americano) de fins de século XIX, com a chamada tese da *guerra social*, que defende que os conflitos sociais no capitalismo são geridos a partir de estratégias governamentais bélico-militares, funcionando tanto como uma *guerra declarada*, quanto uma *pacificação armada*.

A "guerra civil imperial" certamente possui uma dimensão material, pois é através do *sangue* também que se produz a política na contemporaneidade:

---

4 Tiqqun, *Introduction to Civil War* (Los Angeles, Semiotext(e), 2010), p. 79, Af. 38.

"Atualmente, só existe assassinato, quer ele seja condenado, perdoado, ou mais frequentemente, negado" (*Tiqqun*, 2010: 188).[5] Em outros contextos, e através de outras assinaturas, essa tese se materializa para além de um possível "lirismo tiqquniano", sobretudo quando destacam-se, aí, os processos de militarização e policiamento, tanto das favelas dos países periféricos quanto das grandes metrópoles dos países centrais, a gentrificação galopante e as remoções brancas nas grandes cidades globais, o avanço das dinâmicas biopolíticas de xenofobia no controle das fronteiras, o crescimento do racismo ambiental gerado pelas grandes catástrofes sócio-ambientais, a precarização do trabalho que empurra cada vez mais pessoas para o endividamento ou para o limbo *para*-cidadão do trabalho informal e do desemprego estrutural, o crescimento da violência de gênero em todas as suas formas. Entretanto, apesar de toda essa materialidade da guerra civil, Tiqqun desloca as premissas da *guerra civil* tradicional, e é esse giro que aqui deve ser seguido no passo, pois ela deve ser encarada como uma guerra armada constante e bem definida:

> "eu não vou demonstrar a permanência da guerra civil, olhando com olhos esbugalhados os momentos mais lindos da guerra social [...] eu vou mostrar como a guerra civil continua mesmo quando se diz que ela está ausente ou sob controle".[6]

---

5 Idem, p. 188. Sobre a materialidade da guerra civil imperial, ver Comitê Invisível, *A Insurreição que Vem*, especificamente o *Posfácio*, o *Quarto* e o *Sétimo Círculo* (2013); *L'Appel* (2007); e *A guerra apenas começou* (s.d.).

6 Tiqqun, *Introduction to Civil War* (op. cit.), p. 179.

Esse giro é múltiplo e se desdobra. Por um lado, se essa guerra é tanto produzida nas batalhas quanto nos momentos de "paz", a sua gestão se dá tanto na materialidade da carne quanto na espectralidade das subjetividades.

> "A guerra civil é o jogo livre das formas-de-vida. Guerra porque em cada jogo entre as formas-de-vida, a possibilidade de um confronto feroz – a possibilidade da violência – nunca pode ser descartada. Civil porque o confronto entre formas-de-vida não é como o confronto entre Estados – a coincidência entre uma população e um território –, mas como um confronto entre partidos, no sentido que essa palavra tinha antes do advento do Estado Moderno".[7]

Assim, por outro lado, mas ainda aí, *Tiqqun* destaca que a *produção de subjetividade* é um dispositivo ético-ontológico de gestão e produção da *guerra civil*, tão ou mais importante quanto o exército ou a polícia – não por menos, no aforismo 60 lê-se: "No império, a diferença entre a polícia e a população é abolida. Todo cidadão do Império pode revelar-se como um policial".

No Império, portanto, a guerra se propaga não somente através da violência direta ou de uma repressão mais crua (na figura do policial), mas também através de processos de assujeitamento subjetivo (produzir um policial em cada coração cidadão), na medida em que, para se produzir um assassinato, retomando *Tiqqun*, é necessário que se produza o *assassino*.

7 Idem, p. 32-33, Af. X e XI.

É, portanto, por meio de uma modulação subjetiva da cidadania que o jogo imperial da guerra civil se faz. O cidadão traz *inscrito* na sua *subjetividade* as leis do Império, produzindo-o e atualizando-o incessantemente.

> "O cidadão é qualquer coisa que mostre algum grau de neutralização ética, alguma atenuação que é compatível com o Império [...] Não estamos lidando tanto com individualidades e subjetividades, mas com individuações e subjetivações – transitórias, descartáveis, modulares".[8]

Essa neutralização ética no cidadão não é simplesmente um vazio passivo, fruto de um poder opressor, mas um ponto ativo na modulação subjetiva da contemporaneidade, que define o *cidadão* como *aquilo que recua frente ao que há de político na guerra*. O *cidadão* é a circunscrição carnal e espectral da norma imperial transformada em forma-de-vida, isto é, em processos ontológicos e subjetivos de produção de identidades.

Assim, o Império apresenta-se também como o regime da norma e "sob o regime da norma, nada é normal, mas tudo deve ser *normalizado*. O que funciona aqui é um paradigma positivo de poder".[9] A normalização, no contexto da guerra, emerge como a anulação ética do 'indivíduo', que emerge, assim, enquanto cidadão. *Tiqqun* diz que aí há um paradigma positivo de poder porque a gestão da guerra no Império não procura

---

8 Idem, p. 140, Af. 55.

9 Idem, p. 132.

excluir o inimigo, mas re-modulá-lo na forma do derrotado, ou do aliado eticamente anulado, o que dá no mesmo – a essas duas formas, produzidas através das normalizações, isto é, dos assujeitamentos imperiais, pode-se dar o nome de cidadão (normal).

Por outro lado, no contexto de uma outra guerra civil, mais *trans*viada, a *Gangue Nardini* retoma o tema da normalidade para pensar as políticas de gênero e sexualidade no capitalismo contemporâneo estadunidense.

> "Enquanto queers, nós entendemos de Normalidade. Normal é a tirania da nossa condição; reproduzida em todas as nossas relações. Normalidade é a violência reiterada a cada minuto e a cada dia. Nós entendemos essa Normalidade enquanto a Totalidade. Sendo a Totalidade a interconexão e sobreposição de todas as opressões e misérias. A Totalidade é o Estado. É o capitalismo. É a civilização e o império. A totalidade é a crucificação. É o estupro e o assassinato pelas mãos da polícia. É o 'discreto e fora do meio' e o 'não curto gordos ou afeminados'. É o 'queer eye for the straight Guy'. São as brutais lições ensinadas para aquelxs que não conseguem atingir o Normal. São todas as formas que nos limitamos ou aprendemos a odiar os nossos corpos. Nós entendemos de normalidade até demais".[10]

Que a heterossexualidade crie uma certa *atmosfera pacificada* em nome da "tolerância" e da "diversidade" e que apareça enquanto uma mera "opção sexual",

---

10 Mary Nardini Gang, *Towards the queerest insurrection* (Milwalkee, 2012), Af. II.

ao contrário de um *regime político*, como sugeriu a lesbo-feminista Monique Wittig, tais fatos reafirmam a potência do deslocamento tiqquniano da teoria da guerra civil: a guerra heteronormal, assim como a guerra imperial, se faz mais numa sombria *pacificação incessante*, do que em irrupções bem definidas de guerra declarada. Aqui a heterossexualidade é experimentada enquanto uma certa modulação da *guerra civil*, que aniquila expressões e performatividades de gêneros não-binárias e pessoas não-heterossexuais, tanto no nível material, da carne, quanto no nível subjetivo (espectral), da alma. A heterossexualidade, assim, se expressa *através* da *guerra social*. Entretanto, essa guerra não possui sujeitos fixos e nem fronteiras identitárias bem delimitadas, de modo que gays, lésbicas e todo o tipo de margem sexo-política não estão longe do assujeitamento Normal que reproduz e reitera essa guerra (dentro de si, primeiramente).

FORMA-DE-VIDA E DES-ASSUJEITAMENTO

É que tanto a *guerra civil* a que *Tiqqun* alude, quanto a *guerra (hétero)social* que lemos na *Gangue Nardini*, apontam para o fato de que a guerra se reproduz não tanto pela força de "sujeitos hostis", mas pela criação molecular de uma *zona de hostilidade generalizada*. A *hostilidade*, de acordo com *Tiqqun*, emerge quando

> "dois corpos animados por formas-de-vida que são absolutamente alheias uma a outra, se encontram num determinado momento e num determinado lugar [...]

> Hostilidade é, portanto, a impossibilidade de corpos que não caminham juntos, de reconhecerem um ao outro enquanto singularidades".[11]

Assim, a hostilidade não seria um encontro de formas-de-vidas diferentes, mas de formas-de-vidas tão alheias que não são capazes de se reconhecer enquanto diferentes, e, portanto, de reconhecer e respeitar suas singularidades.

> "Hostis podem ser aniquilados, mas a esfera da hostilidade em si não pode ser reduzida ao nada".[12]

Isso implica que, do ponto de vista de uma *ética da guerra civil*, retomando o termo de *Tiqqun*, o foco não deve ser a aniquilação dos Hostis, mas a *destruição* da zona de hostilidade (generalizada) que, em última instância, produz a própria hostilidade, e portanto, o próprio hostil. Quando a *Gangue Nardini*, por outro lado, escreve que "queer é uma posição através da qual se ataca o normal; melhor, uma posição através da qual se compreende e ataca as formas através das quais o normal é produzido",[13] temos aí também uma estratégia, ou melhor, uma (outra) *ética da guerra civil*. Assim, não é tanto o (hetero)Normal, enquanto uma modulação sexual da Hostilidade imperial, que deve ser atacado pelxs "*queers*", mas as condições através das quais essa Normalidade (enquanto zona de hostilidade) é produzida.

---

11 Tiqqun, *Introduction to Civil War* (op. cit.), p. 46, Af. 18.

12 Idem, p. 48, Af. 20.

13 Mary Nardini Gang, *Towards the queerest insurrection* (op. cit.), Af. VII.

Se pudéssemos exemplificar com uma situação *tupiniquim* (*tupinikaos*), diríamos que na guerra (hétero)social, trata-se de eliminar a situação da violência policial (de Estado), em que a polícia militar extermina a população preta e da favela ou as travestis que se prostituem nas esquinas, mas trata-se também de desmantelar a *zona de (hétero)hostilidade* geral que produz subjetividades hostis, como um "bolsonarismo ontológico", dispositivo ontológico de forma-de-vida hostil, que reiteram a violência policial em cada comentário fascista na seção policial do G1. Se para *Tiqqun*, uma insurreição passa mais pela destruição da hostilidade do capitalismo, do que pela aniquilação de capitalistas hostis, para a *Gangue Nardini*, uma *insurreição 'queer'* passa mais pela destruição da hostilidade (hétero)Normal, do que pela aniquilação de Héteros Hostis.

Livrar-se, ao menos dar marcha a esse processo, dessa esfera da hostilidade acoplada na forma-de-vida cidadã, implica, como já mencionei, a construção de *exercícios ético-ontológicos de dessubjetivação sexo-afetiva*. Na medida em que a "hostilidade me distancia da minha própria potência",[14] para me colocar em situações de em*poder*amento, preciso *me distanciar* de *situações hostis*, isto é, em primeiro lugar, da *hostilidade em mim*. Destaco aqui somente uma força hostil que *Tiqqun* nos alerta, que reafirma a tese do meu experimento, a saber, que uma *situação insurrecionária* se constrói em conjunto com processos de *dessubjetivação e desterritorialização sexo-afetiva*; trata-se do amor:

---

14 Tiqqun, *Introduction to Civil War* (op. cit.), p. 52, Af. 23.

> "Nesse leque de falsas alternativas, o amor tem funcionado como uma forma de reduzir a possibilidade infinita de uma reconfiguração do jogo entre as formas-de-vida. Sem dúvidas a pobreza ética do presente, que equivale a um tipo de coerção permanente em direção ao casal, deve-se fortemente a esse conceito de amor. Para prová-lo, seria suficiente relembrar como, através de todo o processo 'civilizatório', a criminalização de todos os tipos de paixões acompanhou a santificação do amor como única e verdadeira paixão".[15]

O Amor, aqui, funciona como um dispositivo imperial de hostilidade, que separa o meu corpo das minhas potências, criando uma situação de *anulação ética*. Amor é a aquilo que, ao filiar os casais na miséria afetiva, separa a multidão desejante de sua coalisão político-subjetiva. Portanto, para *Tiqqun*, uma reconfiguração da *economia sexo-afetiva*, (amizades intensas, orgias, relações abertas, dessexualizações, relações BDSM...) na medida em que nos coloca em situação de experimentar *outras paixões* que não o amor, funciona como um processo de dessubjetivação, e aí mesmo, enquanto um elemento importante, indispensável, talvez, para a criação de *situações insurrecionárias*.

De forma semelhante, para a *Gangue Nardini*:

> "no nosso discurso queer, estamos falando de espaços de luta contra essa totalidade – contra a normalidade. Por 'queer' nós entendemos 'guerra social'. E quando falamos em queer como um conflito contra todas as formas de dominação, nós estamos falando sério".[16]

---

15 Idem, p. 54, Af. 24.

16 Mary Nardini Gang, *Towards the queerest insurrection* (op. cit.), Af. IV.

Assim, "*queer*" não seria uma *identidade positiva*, mas, na potência da espectralidade, uma *forma-de-vida (o) posicional*, que se define, antes, mediante uma posicionalidade insurgente, figurando aquilo que confronta, desloca e faz *desviar* os dispositivos de (hetero) normalização.

DA COMUNIDADE À MANADA

Até agora procurei pintar um pouco do quadro geral da *guerra civil* em *Tiqqun* e da *guerra (hétero)social* na *Gangue Nardini*, que se articulam, em partes, por meio das "esferas de hostilidade" e da "normalidade", respectivamente. Entretanto, se a guerra civil se faz, como vimos, através das *formas-de-vida*, não é só através de formas-de-vida hostis-cidadãs e (hetero)normais que ela se faz. Por todos os lados onde isso escapa, e isso escapa por todos os lados, a guerra é reelaborada incessantemente.

Para *Tiqqun*, a *guerra civil* se propaga, como vimos, não tanto por meio da materialidade bélica do assassinato, mas na espectralidade da produção subjetiva e desejante (formas-de-vida). Nesse sentido, *processos de dessubjetivação* e de *desterritorialização afetiva/ desejante* adquirem um valor estratégico crucial na construção de situações insurrecionárias. Derrotar a zona (esfera) da hostilidade é, em primeiro lugar, derrotar a esfera de hostilidade *em nós*. É um *exercício ético-ontológico* de assassinar o hostil em nós, de desconfigurar a forma-de-vida hostil que, no contexto da Hostilidade imperial (ou da heteroNormalidade), invariavelmente, acabamos, com mais ou menos intensidade, reproduzindo nos nossos gestos mais íntimos, na profundidade de nossos desejos, nos recônditos de nossos afetos e na cotidianidade de nossas vidas. Mas ao contrário do que pode parecer, esse exercício não é individual, já que

> "a minha forma-de-vida significa, portanto, que minha relação comigo mesmo é apenas uma parte da minha relação com o mundo".[17]

Portanto, a experiência de dessubjetivação é uma experiência social, e aí mesmo ela demonstra sua face insurrecionária. Me dessubjetivizar significa me colocar em situações de desterritorialização e assim, buscar corpos que aumentam minha força e que compõe com a minha forma-de-vida:

> "... quando eu encontro um corpo afetado pela mesma forma-de-vida que eu, isso é comunidade, e me coloca em contato direto com a minha potência".[18]

Amizade seria, assim, um outro nome dessa rede (rizoma) de subjetividades em deserção, que equaciona dessubjetivação com a desterritorialização afetiva, ali no encontro com outras formas-de-vida (que compõem com a minha). No contexto do império, "Amizade e inimizade são conceitos ético-políticos" (Af. 24).[19] A

---

17 Tiqqun, *Introduction to Civil War* (op. cit.), p. 27, Af. 7.

18 Idem, p. 44, Af. 16.

19 Idem, Af. 24.

amizade como encontro ético-político na guerra civil representa tanto a fuga intencional da forma-de-vida imperial, que nos empurra ao encontro, quanto o acaso cósmico que gera essas *cumplicidades terríveis:*

> "Quando, num certo espaço e num certo tempo, dois corpos afetados pela mesma forma-de-vida se encontram, eles experienciam um pacto objetivo, que precede qualquer decisão. Eles experienciam uma comunidade".[20]

Assim, a *amizade* não representa o fim da guerra civil, mas a sua *reelaboração insurrecionária* através de uma *forma-de-vida que desterritorializa a hostilidade cidadã em agenciamentos coletivos.*

Para a *Gangue Nardini*, "queer", como reconfiguração da guerra civil, não implica na produção de uma identidade individual, mas em des-assujeitamentos coletivos. Logo após falar que *"queer"* é uma posição de ataque à norma, lemos:

> "A história das queers organizadas nasceu dessa posição. As pessoas trans racializadas e as prostitutas mais marginalizadas sempre foram catalisadoras das maiores explosões de revolta queer. Essas explosões foram acompanhadas de análises emocionadas que afirmavam que a libertação das pessoas queers está intrinsecamente ligada à destruição do capitalismo e do Estado".[21]

---

20 Idem, p. 37, Af. XIII.

21 Mary Nardini Gang, *Towards the queerest insurrection* (op. cit.), Af. IV.

Esse processo é rizomático, pois quando uma ética da guerra civil não passa por um agenciamento coletivo, ela torna-se a sua versão empobrecida, a guerra de "todxs contra todxs".[22] A respeito disso, por meio de outra assinatura — a de algo que não se pode mais chamar de *Gangue Nardini* —, lê-se:

> "Na nossa revolta, estamos desenvolvendo uma forma de jogar. Esses são os nossos experimentos em termos de autonomia, poder e força. Nós não pagamos por nada que estamos vestindo e raramente pagamos por comida. Roubamos do nosso trabalho e fazemos umas maracutaias para sobreviver. Nós transamos em público e nunca gozamos tão gostoso. Compartilhamos dicas e fraudes em meio a fofocas e akuendações. Nós saqueamos a porra toda e temos prazer em compartilhar as recompensas. Destruímos coisas à noite, damos as mãos e voltamos saltitando pra casa. Estamos aumentando cada vez mais nossas estruturas de apoio informal e sempre teremos o apoio uma das outras. Em nossas orgias, motins e assaltos, estamos articulando a coletividade e aprofundando essas rupturas".[23]

Mas apesar desse processo de desassujeitamento, essa guerrilha subjetiva, ser um processo coletivo, ainda assim, a sua escala estaria mais próxima da micropolítica. Não se trata de formar um partido internacional da insurreição, mas de multiplicar ou "espalhar uma certa ética da guerra civil"...

---

22 Idem, Af. 42.

23 Bash Back!, *Queer Ultraviolence: Bash Back! Anthology* (S/l: Ardent Press, 2012).

"No fim das contas, meu objetivo não é óbvio. Para aqueles que estão familiarizados, é possível sentir de qualquer parte, e para aqueles que não fazem ideia, estará completamente ausente".[24]

Não se trata aí de uma convocação pastoral, de uma pretensão ético-política universalista, mas de um *chamado*, e um chamado se faz para aquelxs que podem ouvir, para aquelxs com ouvidos sensíveis. Esse experimento, como um exercício de guerrilha afetiva, não deixa também de ser um chamado, escrito sempre com *azamiga* em mente, como que dialogando com elxs, mas também com os fantasmas de estupros coletivos, de ataque héterroristas, chacinas policiais, espancamentos racistas....

Um chamado à guerra, um chamado para que nos encontremo-os? Certamente! Mas, retomando a importância da escala micropolítica, um chamado ao *debate* e à multiplicação de vozes (e escritas) insurrectas, um chamado ao *bate-bapho*...

---

24 Tiqqun, *Introduction to Civil War* (op. cit.), p. 64, Af. 31.

Referências Bibliográficas

Baeden, *Baeden: A Journal of Queer Nihilism* (Seattle, 2012).
Bash Back!, *Queer Ultraviolence: Bash Back! Anthology* (S/l, Ardent Press, 2012).
Comitê Invisível, *A Insurreição que Vem* (Recife, Edições Barata, 2012).
_____ *E a guerra acaba de começar* (Brasil, Hurrah e Coletivo Bonnot Edições, SD).
Edelman, Lee, *No Future: Queer Theory and Death Drive* (Durhan, Duke University Press, 2004).
Halberstam, Jack, *The Queer Art of Failure* (Durhan, Duke University Press, 2011).
Mary Nardini Gang, *Towards the queerest insurrection* (Milwalkee, 2012
Tiqqun, *Introduction to Civil War* (Los Angeles, Semiotext(e), 2010).

COMO SER ANÔNIMA?[1]
denise algures

Quando as mulheres iniciam um levante, já se constitui uma relação paradigmática entre sua luta insurrecional externa e a luta contra a opressão interna sofrida dentro de suas próprias e supostas comunidades. O fazer político promovido por mulheres não é o mesmo fazer político promovido por homens, que desde sempre tiveram acesso privilegiado a recursos e conhecimentos sobre o mundo do poder:

> "Não tenho a menor ideia de que papel na revolução poderiam jogar os homens brancos heterossexuais, já que são a base e o corpo do sistema de poder reacionário".[2]

Ao iniciar um levante, as mulheres desenvolvem não só a capacidade de resistir e lutar contra a opressão como também criam novas formas de construção coletiva,

---

[1] N. da E.: A autora apresenta nesta edição uma síntese curta de sua arguição no encontro entre editores em 2016.

[2] Robin Morgan, *Sisterhood is Powerful: An Anthology of Writings From The Women's Liberation Movement* (Nova York, Random House, 1970).

que não se baseiam no exercício de poder sobre outros indivíduos, mas no desenvolvimento de suas reais capacidades subversivas e transformadoras.

Essa luta, que antecede o movimento feminista, não se resume a ressentimentos nem tampouco ao desejo de penitência generalizada aos culpados desde a "pré-história patriarcal da humanidade". Questiona-se aqui a hipotética possibilidade de trair o papel que recai sobre elas enquanto "sujeitos", já que não existirá dessubjetivação possível diante da permanência dos privilégios masculinos dentro e fora dos ambientes supostamente comunitários. A sociedade continua estratificada e dividida, não se pode pensar e lutar de uma só maneira – e isso não significa manter os olhos no passado, mas analisar conscientemente o cenário existente, aquele que reproduz o sistema político clássico e nega constantemente as questões feministas, mantendo a totalidade resultante na exploração e objetificação dos corpos das mulheres. Seria ingênuo afirmar que o reconhecimento das diferenças promove a separação social, já que nós nunca fomos unidas.

O exercício pleno da supremacia masculina sempre anulou o potencial político das mulheres, ocasionando maior influência de um sobre o outro. Sendo assim, estamos longe da luta unificada que sugerida pelo Partido Imaginário, porque ainda se faz necessária a organização de maneira autônoma para que haja conhecimento e experiência sobre a própria realidade, e só então, para que de forma inovadora e criativa se desenvolvam formas eficazes de luta – ainda que da ausência do reconhecimento de privilégios não se torne possível criar uma linguagem para a experiência comum.

Não se deseja a transferência de prerrogativas, mas talvez a experimentação de uma certa "política de solidariedade", e nisso elas sempre estiveram articuladas. Nós, mulheres, sempre promovemos ações transformadoras em nossas vivências diárias, em mutirões habitacionais, na manutenção ou desejo de um bem-estar coletivo, do seio de bairros periféricos, de dentro das ocupações, nas lutas sociais, nos movimentos de moradia. As mulheres estão na luta mesmo quando não ocupam as ruas, a nossa chama revolucionária vem do centro de nossas emoções e não da tocha que incendeia carros.

Se o passado nos deu demasiadas respostas erradas para que no agora desconheçamos que o problema eram as próprias perguntas, então que os homens nos respondam as perguntas que trazem a possibilidade do levante daquilo que nunca deveria ter deixado de ser. Se, quando os seres se encontram, se entendem e decidem caminhar juntos constitui-se uma comuna, como é possível que nesse acontecimento do NÓS ainda seja permitido tantas condutas machistas? Como não são relevantes as questões que impedem as mulheres de seguirem na luta? Não seria um objetivo insurrecional promover todas as formas de libertação?

Espaço preto-quarto branco,
Günther Uecker, 1975

Registro de performance
Fotografia: Oliver Wollen

ISSO NÃO É O FIM: ANOTAÇÕES SOBRE TERRORISMO E ANONIMATO[1]

nathalia colli

> *"Espero não! Esperamos!*
> *O plural é que eu venero".*
> Mário de Andrade, *O carro da miséria*, 1932-43

Acerca do debate sobre terrorismo, lembro agora de um pequeno texto de Leon Trotsky, escrito em 1911, que dizia o seguinte:

> "Nossos inimigos de classe têm o costume de queixar-se de nosso terrorismo. Eles gostariam de pôr o rótulo de terrorismo a todas as ações do proletariado dirigidas contra os interesses do inimigo de classe. Para eles, o método principal de terrorismo é a greve. A ameaça de uma greve, a organização de piquetes de greve, o boicote econômico a um patrão super explorador, o

---

[1] N. da E.: Este texto foi escrito no calor da hora por uma representante do público presente no debate ocorrido em 2016, após as apresentações dos editores palestrantes de *Império e Anonimato*. Nathalia Colli, sendo a única a apresentar uma perspectiva radical voltada à esquerda quase institucional, no contexto deste livro surge como um apontamento para oxigenação de um todo ideológico autonomista que vem crescendo nos últimos anos.

> boicote moral a um traidor de nossas próprias filas: tudo isso e muito mais é qualificado de terrorismo. Se por terrorismo se entende qualquer coisa que atemorize ou prejudique o inimigo, então a luta de classes não é outra coisa senão terrorismo".[2]

Do ponto de vista burguês, podemos encerrar o debate sobre o terrorismo aqui. É terrorista todo aquele que se puser contra a violenta ordem burguesa. Porém, continua Trotsky:

> "... o único que resta considerar é se os políticos burgueses têm o direito de proclamar sua indignação moral acerca do terrorismo proletário, quando todo seu aparato estatal, com suas leis, polícia e exército não é senão um instrumento do terror capitalista".[3]

Desdobra-se daí que, do ponto de vista da ação de agrupamentos de esquerda, trata-se de compreender o terrorismo enquanto tática e, a partir disso, vislumbrar a imanência de seus limites. Desse ponto de vista, as discordâncias são muitas, principalmente em nosso século, no qual somos obrigados a lidar com a derrota histórica do socialismo dito "real". A despeito de qualquer avaliação crítica em relação às sociedades de economia planejada do Leste, com a queda da antiga União Soviética e a ascensão do "pensamento único" neoliberal, a desilusão no discurso programático de esquerda só

---

[2] Leon Trotsky, "Por que os marxistas se opõem ao terrorismo individual?" (novembro de 1911), disponível em: <https://www.marxists.org/portugues/trotsky/1911/11/terrorismo.htm>.

[3] Idem.

cresceu. Entre as vozes mais críticas ao programa leninista está uma parcela específica de intelectuais da pequena burguesia que, ao se deparar com o problema da "opressão" no sistema capitalista, tem formulado o problema como uma questão da ordem da representação. Desde ações terroristas extremas, como a morte de um líder de estado, ao boicote dos trilhos de um trem ou a infiltração num sistema de computadores ou, ainda, a fuga para comunidades rurais, tudo foi cogitado como saída do apocalipse capitalista. Todavia, por enquanto, nenhuma perspectiva efetivamente coletiva foi apontada.

A polêmica entre a organização ou não da classe não é nova, remonta à aurora do capitalismo. Contudo, novo é o alvoroço político que se criou diante de uma situação em que a desorganização do campo da esquerda é total e sua fragmentação é a única certeza num horizonte próximo. Não estamos mais inseridos num debate entre anarquistas e comunistas que lidam concretamente com suas organizações, não! Enquanto durou, a pós--modernidade foi capaz de muito: chegou a inventar uma metafísica literária para lidar com uma opressão ainda muito concreta.[4] Os "filósofos" voltaram a pensar o mundo e se esqueceram de mudá-lo. Isso quando muito pensam o mundo e não estão apenas ocupados em cuidar de si.

Por sua vez, o terrorismo que ronda a esquerda hoje está cada vez mais distante da proposição de Trotsky.

---

4 Para o diagnóstico do esgotamento da assim chamada pós-modernidade, ver Robert Kurz, "O estado de exceção molecular – consciência de crise e 'theological turn' da pós-modernidade" (agosto de 2005), disponível em http://www.obeco-online.org/rkurz202.htm.

POSFÁCIO

Apesar do trabalho ainda ocupar o lugar central da luta de classes, as lutas anticapitalistas que acompanhamos com maior fervor neste último período foram travadas pela juventude num processo de tipo insurrecional. A crise de direção que ainda enfrenta a esquerda faz saltar os olhos diante da fragmentação na qual se encontram os movimentos em luta. Sem uma organização forte de trabalhadores, a luta, por sua vez, se encontra no processo inverso do terrorismo de classe. Esse, que é tão temido pela burguesia, soa apenas como História ou como promessa. Ao contrário, o terrorismo que vemos efetivar-se consiste na ação individual de pessoas revoltadas com a situação de suas próprias vidas – revolta essa que tem razão em existir, mas que, ao explodir longe dos locais de trabalho, podem servir a qualquer programa, inclusive a qualquer tipo de fascismo em germe.

Seja na literatura de Tiqqun, nas ações do Comitê Invisível – muitas vezes louváveis –, seja nas pedras dos *Black Blocs* contra os bancos, os gestos de violência contra o capitalismo não tem causado nem arranhões. Pode-se dizer, até mesmo, que a fragilidade das ações "radicais" desses grupos fortalece o poder do capital. Evidentemente, não se pode afirmar isso sem contextualizar a ação para não correr o risco de nos transformarmos em velhos esquerdistas burocratas (Ainda que nos pareça contraditório, o número de sujeitos dessa "classe" tem crescido). Tanto o Comitê quanto os *Black Blocs* são filhos do fracasso da esquerda organizada, isso é preciso dizer. Se o Comitê Invisível aparece num continente onde o socialismo fora derrotado historicamente, os

Black Blocs do Brasil, por sua vez, surgem após treze anos de governo petista. Se há certo niilismo e abandono de sonho coletivo no primeiro, bem justificado mas datado, no segundo há o contrário: uma nova força de luta surge e dá sinais de que é preciso se movimentar fora dos ditames da velha burocracia – o problema é que através da tática, enquanto forma de luta, suas críticas práticas não cheguem muito longe.

Durante um bom tempo, o neoliberalismo foi capaz de desarticular o pensamento crítico de esquerda, fazendo crer que ele mesmo era a solução dos males ocidentais. Essa sensação de resolução do problema econômico dado pelo capitalismo serviu bem: o mercado tomaria as rédeas dos Estados, sustentaria suas privatizações, fortaleceria o terceiro setor e lidaria, por meio da precarização total, com o exército de reserva nacional de força de trabalho. A resolução durou pouco, hoje vemos as consequências desse programa. A crise dá lugar à bancarrota. Parte da esquerda já a previa; o imprevisto, como sempre, é o que fazer diante dela.

Em 2013, por exemplo, acompanhamos no Brasil o levante das ruas por meio da pauta trabalhada por anos pelo Movimento Passe Livre. Longe da burocratização e envelhecimento dos partidos de esquerda, o coletivo de jovens, até então universitários, buscou com a proposta de tarifa zero movimentar protestos de rua massivos, que mobilizassem, minimamente, setores da esquerda em torno de uma luta comum. Mérito deles foi pensar modos de lidar com a fragmentação total da esquerda. Pode-se dizer que a luta por meio da pauta, uma tática, claro, negou o comportamento recuado da velha esquerda. Se o programa de esquerda enrijece a luta, ele deve ser negado em movimento, em ação. O que temporariamente foi correto, mas não deve ser considerado imutável.

A negação do programa em busca de um Partido Imaginário, como sugere Tiqqun, foi também uma pista do que fazer com o enrijecimento da esquerda – mas uma análise crítica não deve se furtar ao juózo: seu tempo passou. Também é notável que enquanto saída à falta do programa tivéssemos a falsa sensação de horizontalidade promovida pelo anonimato. Faça vistas ao Comitê Invisível: se ninguém disse, posso eu ser dono da voz e dizer. Se não há líderes, posso eu ser também do MPL e movimentar a massa, seja você quem for. Mas será tão democrática assim a horizontalidade que o anonimato traz? Por um breve momento, a resposta do MPL à fragmentação da esquerda pareceu dar certo. Mas durou menos que a crença do neoliberalismo nele mesmo. Ao menos essa parece ter sido a lição trazida no final da luta do 2013 brasileiro.

A crise econômica não é uma teoria, mas uma condição real que assola a vida de todos os trabalhadores. Diante disso, observamos também em 2013 uma massa em transe, que se viu no direito de sair em marcha com a sua própria pauta: a corrupção. Liderados, muito provavelmente, pela Globo, por Moro, pela nação, por Deus e pela família, trabalhadores e setores da classe média viram na dissolução do PT uma potencial resposta para os seus problemas. Estes são os outros filhos da dissolução da esquerda. Se, por um lado, vimos brotar grupos que se organizam para fora dos partidos burocratizados, por outro, vemos uma massa potencialmente traída por um programa democrático popular, que, no sentimento de orfandade, clama por uma liderança que hoje só existe à direita. Diluída em si mesma, a esquerda se vê incapaz de responder às insatisfações da população diante da crise.

Vimos as ruas literalmente incendiadas por uma juventude cansada: cansados de trabalhar, cansados de pagar a tarifa, cansados da falta de perspectiva, do tédio (por que não?) e no caso dos *Black Blocs*, uma juventude periférica cansada de morrer nas mãos da polícia. A partir de certo momento "tática" *Black Bloc* passou a aparecer menos como tática, como foi feito pelo MPL, e mais como ação direta contra a barbárie do Estado. Uma violência determinada pela condição de classe fez brotar o "terrorismo", é verdade. Vejam: determinada pela condição de classe, mas não classista. E aqui se dá o afastamento do "terrorismo" defensável de suas bases populares. As máscaras nos rostos dos jovens pareceu convencer menos a média da população que, claro, sente a crise na pele, do que a cara limpa de Sérgio Moro. Ambos clamavam por justiça e, apesar dos *Black Blocs* estarem ao lado da justiça que contempla a classe trabalhadora, ela mesma terminou convencida a permanecer ao lado de Moro.

No Brasil, a escolha da juventude para lidar com o Estado capitalista genocida, está em cobrir os rostos e enfrentar com seu próprio corpo a polícia que mais mata no mundo. Da coragem juvenil, já brota a criminalização. Só os "bandidos" tampam o rosto na mídia brasileira. Assim, o terrorismo individual da ação direta determinou não o avanço para a quebra interna dos bancos, mas ao contrário, o avanço da criminalização dos protestos, bem como o aval policial em massacrar protestos à guisa do combate ao "terror". Ainda assim, a responsabilidade por esse avanço policial diante da espontaneidade dos *Black Blocs* não pode ser colocada apenas nas mãos dos adeptos da tática. A responsabilidade por uma ação desesperada de esquerda está antes nas mãos daqueles que pensam o programa, ou naqueles que agora o negam.

Por um lado, o terrorismo individual aparece hoje de uma nova maneira. Como já mencionado, ele não responde à burguesia, mas sim à esquerda. A burocracia sindical e o engessamento dos programas no interior dos partidos de esquerda faz com que a negação da organização se dê numa via empírica. Apesar disso, a falta de uma luta potente produzida por greves operárias faz com que a juventude se sinta cada vez mais incapaz diante do inimigo.

Por outro lado, mesmo com o sinal claro da necessidade organizativa para enfrentar a direita, os grupos que surgiram da fragmentação da esquerda insistem em não defender o levantamento de um programa ou de um partido, como se o problema da burocratização não fosse uma condição histórica, mas um problema ontológico, inerente ao processo organizativo da classe.

Tanto isso é verdade, que a questão da tática se repõe. O levante da educação entre 2015 e 2016 surgiu como resposta ao ataque que o governo Temer – seguimento do governo Dilma, que já anunciava o golpe real contra os trabalhadores – promoveu, desde as escolas básicas às universidades. A tática para enfrentar o governo veio através das ocupações dos locais de trabalho e das escolas, tática essa que fora rememorada pelos secundaristas no final de 2015. De fato, paralisar os locais de trabalho e ocupá-los para obter uma resposta satisfatória foi o caminho mais combativo a ser tomado. Mas sem um comando nacional para a luta, portanto sem a organização da luta, onde se pôde chegar? Os secundaristas de São Paulo assistiram a instalação da reorganização sem conseguir responder a altura. O que assusta é que a força da ocupação de 220 escolas tenha se perdido assim, tão rapidamente. O potencial de pólvora da tática da ocupação talvez tenha encontrado seu limite. A revolta espontânea e moral pela defesa das escolas não foi suficiente para barrar um plano internacional de privatização.

A afirmação disso pode ser vista no movimento estudantil do Paraná. O Estado de Sérgio Moro acompanhou em 2016, além do *impeachment*, o maior movimento secundarista do mundo. Com 1000 escolas ocupadas contra a PEC 241 e a reforma do ensino médio, estudantes e professores se organizaram pela manutenção dos direitos em seus locais de estudo e trabalho. A bem da verdade, não é possível determinar os resultados, mas que a indicação de voltar a organizar suas bases é a maior potência "terrorista" do agora já é um fato consumado.

É notável a necessidade de se debater a via organizativa novamente. Uma tarefa maior que o anonimato de um grupo é o anonimato da classe organizada. Somente a organização dos trabalhadores a partir de um programa mediado pelas condições reais da luta é que pode responder à hegemonia que a direita hoje logra na arena política. Reconhecer que o capitalismo ainda é o inimigo e que socialização dos meios de produção não é uma resposta inventada artificialmente, mas sim uma condição posta ao sistema capitalista desde o começo, está na ordem do dia. Caso contrário, a força da insurreição que vemos brotar não só na literatura, corre o risco de se transformar em uma posição de elite, que não tem espaço na prática. Servindo, ainda que contra a vontade, de cimento para o chão ideológico que tanto abomina.

*

AGORA QUE O ABISMO JÁ CHEGOU,[5] algumas notas finais nos cabem enquanto atualização. O tom otimista, talvez irônico, que o posfácio ganhou após 2016, nos obriga à considerações em torno do presente – se é que o tempo tem avançado dentro de nosso relógio histórico. Todavia, é preciso reavaliar algumas determinações conjunturais e se necessário desdizer o já dito. O processo de impeachment observado em 2016, ao invés de chutar o já moribundo petismo para fora da história, engrossou o caldo de seu reestabelecimento. Pode-se supor, assim, que não fosse o impeachment e a prisão do ex-presidente Lula, nós nem nos lembrássemos tanto do PT. O fato é que o judiciário, dentro de seus limites

---

5 Para melhor compreensão, ver "À beira do abismo" de Marcos Barreira, Blog da Boitempo.

e contradições, indicou uma sobrevida ao lulismo que oras parece orquestrada, oras parece um acidente. Ao invés de vermos o desdobrar das movimentações de base, o indicativo de lutas aguerridas por parte de setores importantes dos trabalhadores (educação, funcionalismo público, transporte, etc.) encontrou um anticlímax e, em certa medida, voltou-se para a velha orla burocrata: de ocupações de escolas e greves salariais demos um passo atrás pelo pedido de Fora Temer e Lula Livre no lugar da materialidade. A condição moralizante dessas pautas, revela um problema já trazido à luz pelas manifestações de 2013. Havia (há?) mais radicalidade nas massas do que na própria esquerda. Novamente, quem radicalizou foi a direita, enquanto a esquerda deu cinco passos atrás, sem não ter dado nenhum à frente. O desgosto que brotava na base social foi capitalizado pela direita brasileira, esquizofrênica e violenta, sem riscos de ser redundante. Até mesmo os que bradavam pela insurreição foram incapazes de impedir a prisão de seu líder, levando a moralidade à níveis estratosféricos, como se fosse esse o chão da luta contra o "fascismo". Entre aspas, porque ao tratar de Brasil, ainda não temos como saber o que seria esse tipo de levante da direita. Bom, o fato é que a radicalidade também mostrou as caras na confusa greve dos caminhoneiros. Único polo de luta real, onde as contradições davam combustível à política, fora do jogo midiático, fora das urnas. A espontaneidade atingida pela greve, já que existem dúvidas sobre o seu início, balançou a popularidade tanto de Bolsonaro como de seu radical negativo, Lula. Uma movimentação que nem a "direita", nem a "esquerda", quiseram assumir para si. Com o risco de repetição, pode-se dizer que mais uma vez a moralidade reinante dentro de inúmeros setores da esquerda, afastou a possibilidade mais imediata de se fazer política por fora do espetáculo. De lá pra cá, as movimentações sociais tem sido tímidas. Salvo a educação, que dá sinais de vida novamente, mas com chances reais de se tornar, a velha bandeira da paz, enquanto a direita avança. A suposição de que o Brasil passa por uma regressão política parece ser mero discurso quando confrontado com o patamar de suas lutas. Nesse sentido, parece cabível dizer que a discussão por uma organização e/ou um programa não só não seria possível, como seria lunático. A difusa possibilidade de avançar de maneira organizada se dissipou com o desenrolar dos fatos, que aparentemente, encontram a barreira da moral lulista, de novo. Chamarei a atenção aqui para o uso excessivo da repetição, fora a questão formal, que não admite o uso abusivo desse recurso, há uma canseira histórica em dar de cara com esse eterno retorno. Desde 1980 que se confia o futuro a esse partido, sua repetição além de não avançar, implica em derrotas. Pensando então que é no petismo que novamente a esquerda encontra alento para a sua falta de força e fragmentação, a insurgência, em sentido forte e amplo, poderia sim responder à necessidades conjunturais imediatas, guardadas as proporções, os "coletes amarelos" na França não nos deixam pensar o contrário. Porém, o curioso é que o anonimato dos caminhoneiros, por exemplo, sacudiu mais as estruturas da velha política que qualquer programa literário. Talvez porque os caminhoneiros sejam parte integrante do processo produtivo, talvez porque o necessário anonimato e espontaneísmo dos que trabalham ainda seja um bom caminho. Talvez fosse bom que cavássemos ao lado desses setores alguma brecha que faça romper o futuro. Império e Anonimato é uma boa premissa, precisa saber pra quem ela serve e agir.

Mas isso é só uma hipótese...